JN050594

小学 総復習ドリル

できたシール ｜ 合かくシール

できたシール

答え合わせをして、合っていたら、すきなシールを問題《もんだい》にはろう！

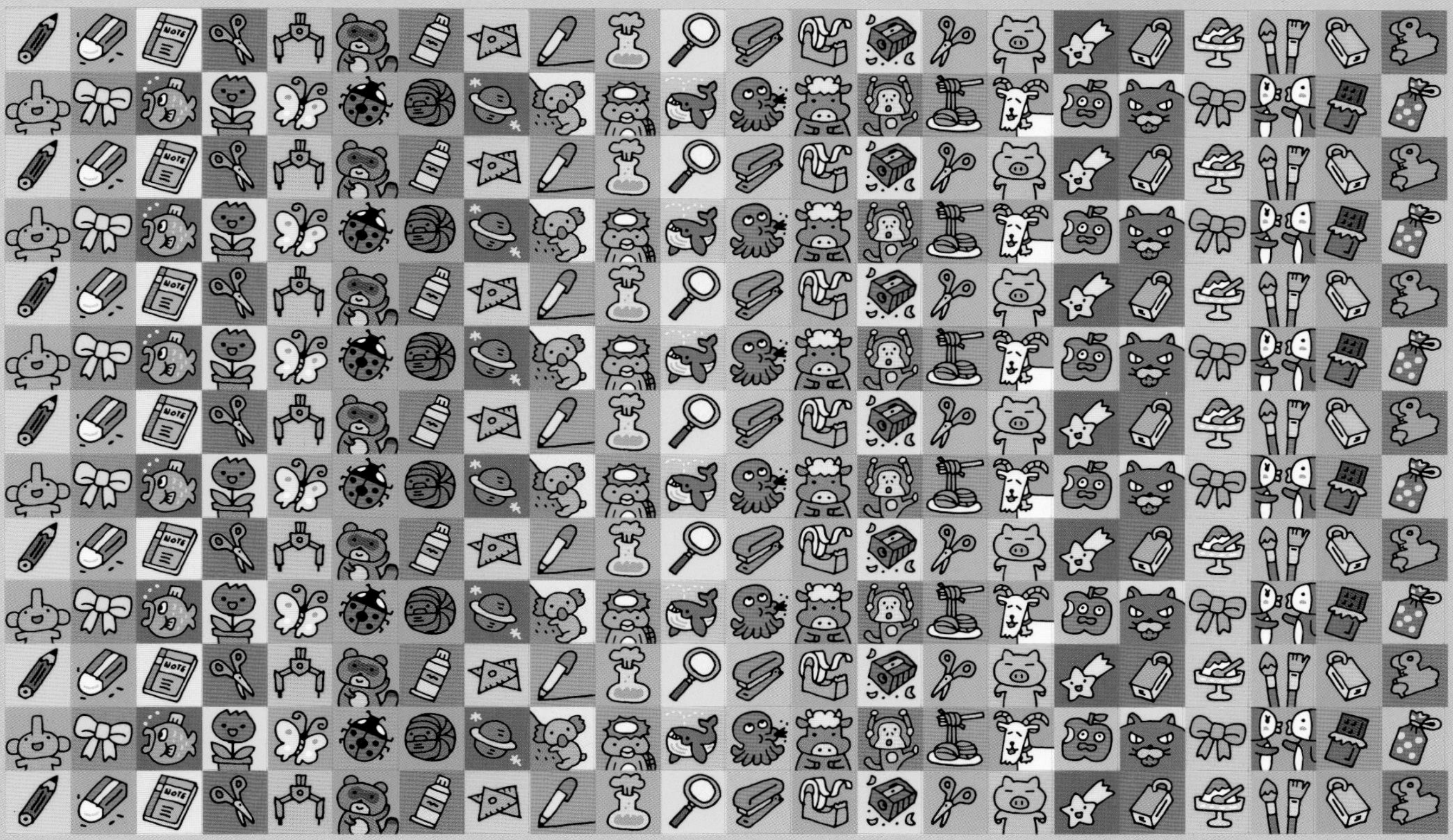

合かくシール

全問《ぜんもん》正かいになったら、すきなシールをページの上にはろう！

かん字の書き(3)

学習日《がくしゅうび》　月　日

合かくシール　全問《ぜんもん》正かいにできたら合かくシールをはろう！

1

できたシール

□にかん字を書きましょう。

〈「点があるかないか」にちゅういして、正しくかん字が書ける〉

(1) □《えき》前《まえ》の□《しょう》店《てん》がいを歩く。

(2) お□《さけ》と□《こおり》を売る店。

(3) 九《きゅう》□《しゅう》地方を□《りょ》行《こう》する。

(4) 魚《さかな》□《や》さんの□《しゅ》人《じん》に会う。

(5) □《びょう》院《いん》のとなりに車《しゃ》□《こ》がある。

(6) □《てつ》道《どう》の時こくをメモ□《ちょう》に書く。

2

できたシール

□にかん字を書きましょう。

〈「画（線）の長さや本数」にちゅういして、正しくかん字が書ける〉

(1) やかんでお□《ゆ》をわかす。

(2) 地《ち》□《く》の□《まつ》りの□《ほう》□《そう》。

(3) □《かん》字《じ》じてんで□《い》□《み》を調《しら》べる。

(4) 一《いち》□《びょう》間《かん》だけ□《いき》を止める。

(5) □《しょう》□《わ》時《じ》代《だい》の道《どう》□《ぐ》の□《しん》歩《ぽ》。

(6) □《しま》での□《のう》□《ぎょう》の□《よう》子《す》。

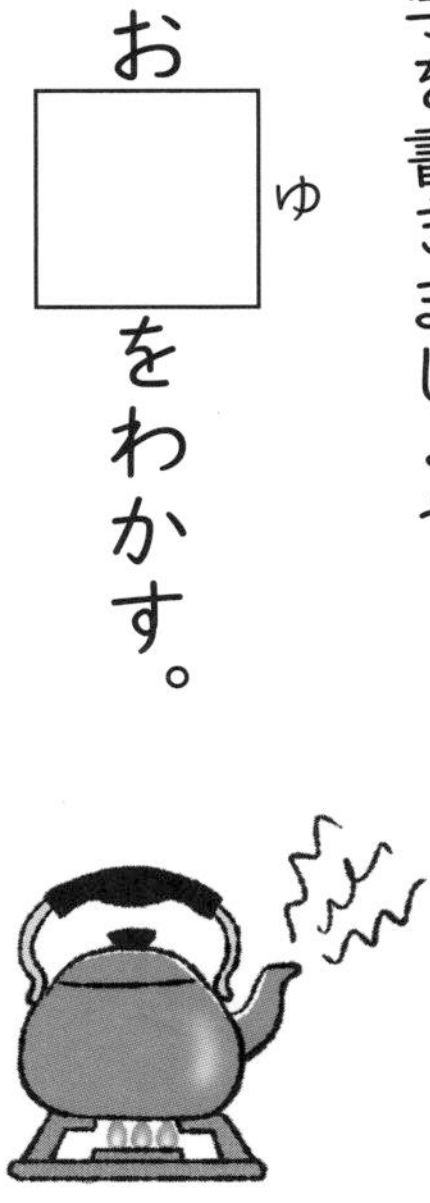

できなかったところは、もう一度《いちど》やってみましょう。正しく直せたらできたシールをはりましょう。

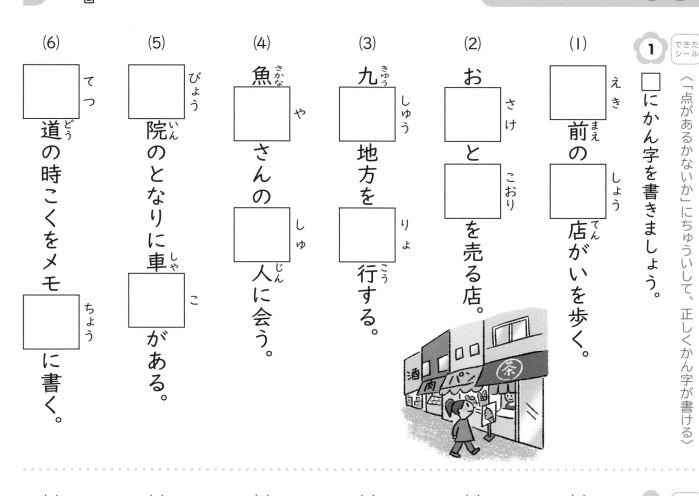

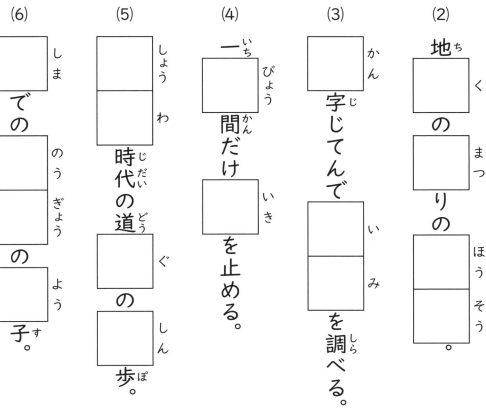

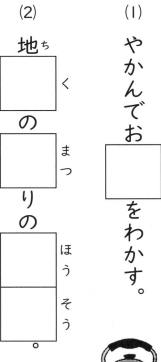

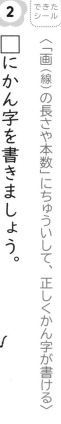

4回　漢字《かんじ》の書き(4)

学しゅう日　　月　　日

合かくシール
ぜんもん正かいにできたら合かくシールをはろう！

1

できたシール

〈送《おく》りがなをまちがえやすい漢字《かんじ》が正しく書ける〉

──《せん》のことばを、（　）に漢字《かんじ》と送《おく》りがなで書きましょう。

(1) 画用紙を<u>くばる</u>。（　　　）
(2) 委員《いいん》を<u>きめる</u>。（　　　）
(3) お湯《ゆ》を<u>そそぐ</u>。（　　　）
(4) <u>かなしい</u>物語《ものがたり》。（　　　）
(5) 体を後ろに<u>そらす</u>。（　　　）
(6) ボールを<u>うける</u>。（　　　）
(7) <u>うつくしい</u>けしき。（　　　）
(8) <u>しあわせ</u>な気分。（　　　）
(9) 川の水が<u>ながれる</u>。（　　　）
(10) 土を<u>たいら</u>にする。（　　　）
(11) 山に<u>のぼる</u>。（　　　）
(12) <u>ひとしい</u>ながさ。（　　　）

2

できたシール

〈はんたいの意味《いみ》を表す漢字《かんじ》が正しく書ける〉

はんたいの意味《いみ》のことばを、（　）に漢字《かんじ》と送《おく》りがなで書きましょう。

(1) あつい（　　　）↔（　　　）さむい
(2) おもい（　　　）↔（　　　）かるい
(3) ながい（　　　）↔（　　　）みじかい
(4) ねる ↔（　　　）おきる
(5) はじまる（　　　）↔（　　　）おわる
(6) ならう（　　　）↔（　　　）おしえる
(7) かつ（　　　）↔（　　　）まける

漢字《かんじ》の読み方(1)

学しゅう日　月　日

合かくシール
ぜんもん正かいにできたら合かくシールをはろう！

1 できたシール

〈漢字《かんじ》の二通りの読み方がわかる〉

――《せん》の漢字《かんじ》の読みがなを書きましょう。

(1) 暗い（　　）　暗記（　　）

(2) 落ち葉《ば》（　　）　落下（　　）

(3) 問う（　　）　問題（　　）

(4) 速い（　　）　速度（　　）

(5) 育てる（　　）　体育（　　）

(6) 投げる（　　）　投球（　　）

2 できたシール

〈文中で漢字《かんじ》の二通りの読み方がわかる〉

――《せん》の漢字《かんじ》の読みがなを書きましょう。

(1) クラス写（　　）真を写（　　）す。

(2) 乗（　　）用車に乗（　　）る。

(3) けっかを図表（　　）に表（　　）す。

(4) 大豆（　　）から豆（　　）ふを作る。

(5) 妹の相談（　　）相手（　　）になる。

(6) 南の方向（　　）に顔を向（　　）ける。

漢字《かんじ》の読み方(2)

学習日《がくしゅうび》　　月　　日

合かくシール
ぜんもん正かいにできたら合かくシールをはろう！

1 できたシール

〈漢字《かんじ》の二通りの読み方がわかる〉

——線《せん》の漢字《かんじ》の読みがなを書きましょう。

(1) 助ける（　　）／助手（　　）

(2) 全く（　　）／全身（　　）

(3) 指す（　　）／親指（　　）

(4) 一人《ひとり》旅（　　）／旅行（　　）

(5) 運ぶ（　　）／運動（　　）

(6) 整える（　　）／調整（　　）

2 できたシール

〈文中で漢字《かんじ》の二通りの読み方がわかる〉

——線《せん》の漢字《かんじ》の読みがなを書きましょう。

(1) 遊園地（　　）で遊（　　）ぶ。

(2) 飲食店（　　）で水を飲（　　）む。

(3) 仕事（　　）のメールに返事（　　）をする。

(4) 歩道橋（　　）の手前で橋（　　）をわたる。

(5) 大使館（　　）として使（　　）われたビル。

(6) 温室（　　）で体を温（　　）める。

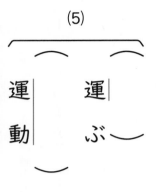

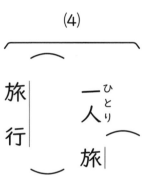

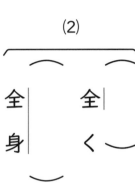

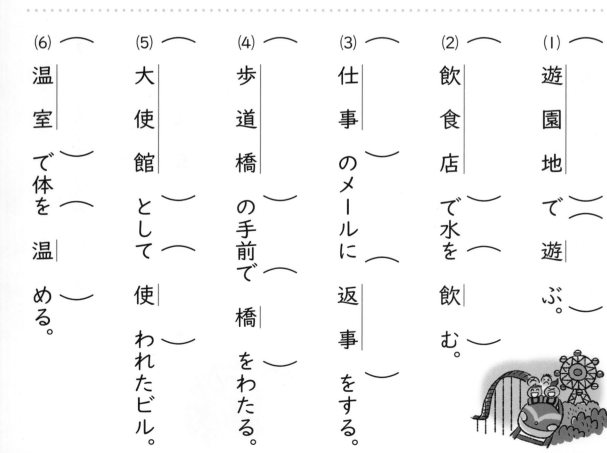

漢字《かんじ》の組み立て

学習日《がくしゅうび》　月　日

合かくシール
ぜんもん正かいにできたら合かくシールをはろう！

1

できたシール

〈同じ部分《ぶぶん》（部首《ぶしゅ》）をもつ漢字《かんじ》が正しく書ける〉

次《つぎ》の□の部分《ぶぶん》をもつ漢字《かんじ》を、□に書きましょう。

(1) 氵（さんずい）…水《すい》□《えい》・□《ふか》い□《みずうみ》。

(2) 木（きへん）…家の□《はしら》。□《しょく》物《ぶつ》の□《ね》。

(3) 亻（にんべん）…図《と》書《しょ》□《がかり》・都《と》会《かい》に□《す》む。

(4) 宀（うかんむり）…□《あん》□《てい》・へちまの□《み》。

(5) 竹（たけかんむり）…□《ふで》□《ばこ》・□《ふえ》をふく。

(6) 阝（こざとへん）…病《びょう》□《いん》・太《たい》□《よう》

2

できたシール

〈同じ部分《ぶぶん》（部首《ぶしゅ》）をもつ漢字《かんじ》が正しく書ける〉

□に漢字《かんじ》を書きましょう。

(1) 上《じょう》□《きゅう》生《せい》と□《れん》習《しゅう》する。□《みどり》色《いろ》

(2) 幸《こう》□《ふく》・□《かみ》様《さま》

(3) □《にが》い□《くすり》をのむ。

3

できたシール

〈部首《ぶしゅ》の意味《いみ》やはたらきがわかる〉

上の部分《ぶぶん》をもつ漢字《かんじ》にかんけいのあるものを下からえらんで、——《せん》でむすびましょう。

(1) 言（詩・調）・　　・「ことば」にかんけいがある。

(2) 扌（投・打）・　　・「水」にかんけいがある。

(3) 氵（湯・波）・　　・「心」にかんけいがある。

(4) 心（感・悪）・　　・「手」にかんけいがある。

できなかったところは、もう一度《いちど》やってみましょう。正しく直せたらできたシールをはりましょう。

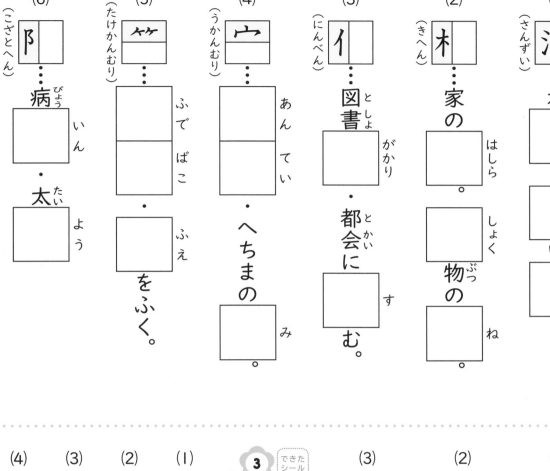

8回 漢字《かんじ》の使《つか》い方《かた》(1)

学しゅう日　月　日

合かくシール
全問《ぜんもん》正かいにできたら合かくシールをはろう！

1 できたシール

〈形のにた漢字《かんじ》を正しく書ける〉

□に漢字《かんじ》を書きましょう。

(1) 理《り》□《ゆう》　石《せき》□《ゆ》

(2) お□《みや》まいり　□《きゃく》室《しつ》

(3) バナナの□《かわ》。　さざ□《なみ》

(4) 向《む》こう□《ぎし》　□《すみ》火《び》

(5) □《ぶ》活動《かつどう》　二《に》□《ばい》の数

(6) □《さか》道《みち》　黒《こく》□《ばん》

2 できたシール

〈形のにた漢字《かんじ》を正しく書き直すことができる〉

―《せん》の漢字《かんじ》は、まちがっています。□に正しい漢字《かんじ》を書きましょう。

(1) 第□《おとうと》が度□《にわ》でちょうを近□《お》う。

(2) 洋□《よう》毛《もう》のセーターを美□《き》る。

(3) 調□《し》や文《ぶん》意□《しょう》を読む。

(4) 白□《ま》がり角《かど》でかぎを指□《ひろ》う。

(5) かさを寺□《も》って駅前《えきまえ》で時□《ま》つ。

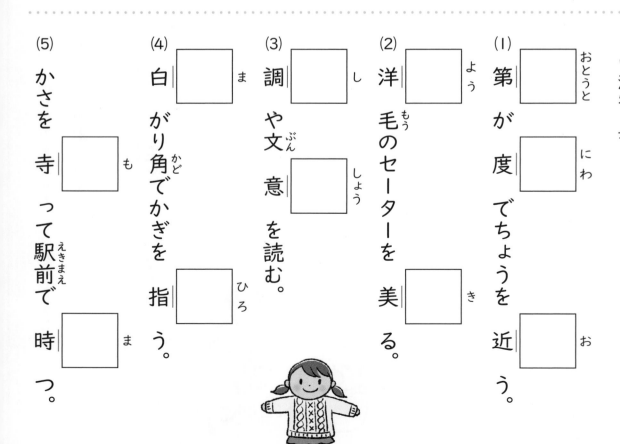

9回 漢字《かんじ》の使《つか》い方《かた》(2)

学しゅう日　月　日

合かくシール
全問《ぜんもん》正かいにできたら合かくシールをはろう!

1 できたシール 〈同じ音読みの漢字《かんじ》を正しく書ける〉

□に漢字《かんじ》を書きましょう。

(1) 全員《ぜんいん》が□《しゅう》合《ごう》して練《れん》□《しゅう》する。

(2) □《だい》表者《ひょうしゃ》が曲《きょく》の□《だい》名《めい》を言う。

(3) 二《に》□《かい》の部屋《へや》に世《せ》□《かい》地図《ちず》をはる。

2 できたシール 〈同じ訓《くん》読《よ》みの漢字《かんじ》を正しく書ける〉

□と読む漢字《かんじ》を、□に書きましょう。

(1) もの
わか□
わすれ□

(2) は
□っぱ
□ブラシ

3 できたシール 〈同じ読み方をすることばを漢字《かんじ》で正しく書ける〉

□と読む漢字《かんじ》を、□に書きましょう。

(1) じんめい
□□じてん
□□をすくう。

(2) いいん
図書《としょ》□□
内科《ないか》□□

(3) かいてん
朝、十時に□□する本屋《ほんや》さん。
車りんが□□する。

(4) しょうか
□□のよい食《た》べ物《もの》。
水をかけて□□する。

できなかったところは、もう一度《いちど》やってみましょう。正しく直せたらできたシールをはりましょう。

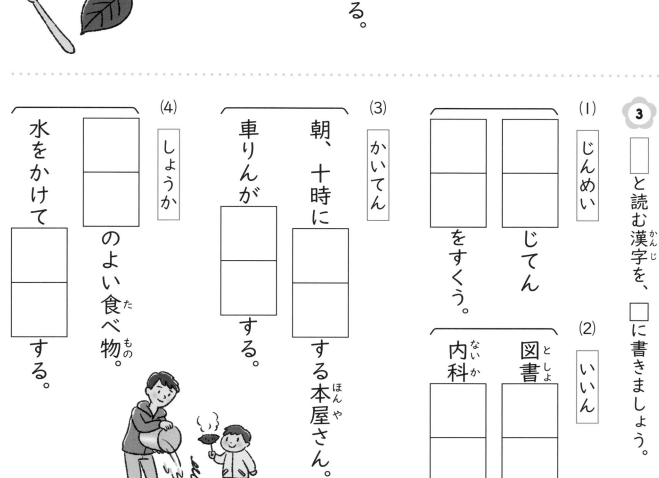

10回　なかまのことば

学習日《がくしゅうび》　月　日

合かくシール
全問《ぜんもん》正かいにできたら合かくシールをはろう！

1　できたシール
〈まとめて言う言い方がわかる〉

〔　〕のなかまをひとまとめにした言い方を［　］からえらんで、（　）に書きましょう。

(1) さくら・すみれ・ばら　（　　）

(2) はと・たか・すずめ　（　　）

(3) 野球《やきゅう》・テニス・水泳《すいえい》　（　　）

［スポーツ・花・文《ぶん》ぼう具《ぐ》・虫・鳥］

2　できたシール
〈ことばのなかま分けがわかる〉

名前を表《あらわ》すことばに「名」、動《うご》きを表《あらわ》すことばに「う」、様子《ようす》を表《あらわ》すことばに「よ」を書きましょう。

(1) 歩く　（　）

(2) つくえ　（　）

(3) 食べる　（　）

(4) うるさい　（　）

(5) コップ　（　）

(6) 美《うつく》しい　（　）

(7) かがみ　（　）

(8) 書く　（　）

3　できたシール
〈反対《はんたい》の意味《いみ》のことばがわかる〉

―《せん》のことばと、反対《はんたい》の意味《いみ》のことばを書きましょう。

(1) りんごの数が多い。 ↕ （　　）

(2) 短《みじか》いひもを使《つか》う。 ↕ （　　）

(3) 新しい本を読む。 ↕ （　　）

(4) 花たばを買う。 ↕ （　　）

(5) くつ下をぬぐ。 ↕ （　　）

(6) 物語《ものがたり》のはじめを話す。 ↕ （　　）

(7) 兄が中学校をそつ業《ぎょう》する。 ↕ （　　）

(8) 理科の実《じっ》けんがしっぱいする。 ↕ （　　）

11回 送《おく》りがな(1)

学習日《がくしゅうび》　月　日

合かくシール
全問《ぜんもん》正かいにできたら合かくシールをはろう！

1 できたシール

〈送《おく》りがながわかる――動《うご》きを表《あらわ》すことば〉

□に合う送《おく》りがなを書きましょう。

行く

今年《ことし》は旅行《りょこう》に行□ない。

買《か》い物《もの》に行□ます。

駅《えき》へ行□とき、犬を見た。

公園へ行□ば、友だちがいる。

町の図書館《としょかん》へ行□う。

先週は動物園《どうぶつえん》に行□た。

2 できたシール

〈送《おく》りがながわかる――様子《ようす》を表《あらわ》すことば〉

□に合う送《おく》りがなを書きましょう。

多い

待《ま》っている人が多□□た。

来る人が多□なった。

車が多□と、あぶない。

数が多□□ば、数をへらす。

3 できたシール

〈送《おく》りがなが正しく使《つか》える――動《うご》きを表《あらわ》すことば〉

□のことばを、文に合う送《おく》りがなをつけて、(　)に書きましょう。

(1) 知る

店の場所《ばしょ》を(　)ない。

クイズの答えを(　)た。

(2) 注《そそ》ぐ

コップに水を(　)う。

なべに湯《ゆ》を(　)ます。

4 できたシール

〈送《おく》りがなが正しく使《つか》える――様子《ようす》を表《あらわ》すことば〉

□のことばを、文に合う送《おく》りがなをつけて、(　)に書きましょう。

(1) 古い

(　)なったズボン。

(　)本が出てくる。

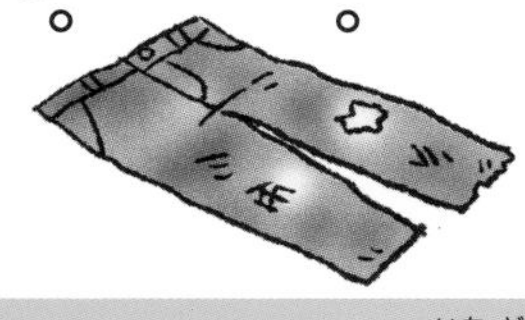

(2) 長い

ひもが(　)ば、切る。

そでが少し(　)た。

できなかったところは、もう一度《いちど》やってみましょう。正しく直せたらできたシールをはりましょう。

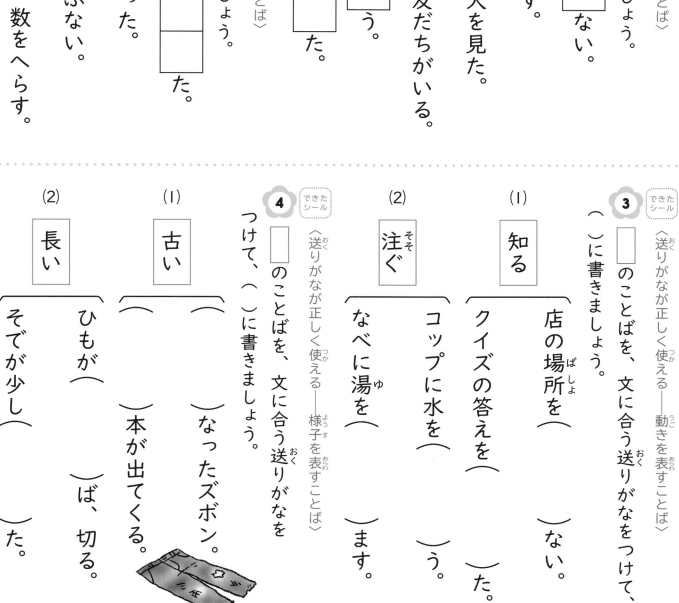

12回 送《おく》りがな(2)

学習日《がくしゅうび》　月　日

合かくシール
全問《ぜんもん》正かいにできたら合かくシールをはろう！

1 できたシール

〈送《おく》りがなを正しく使《つか》える〉

——《せん》のことばを、（　）に漢字《かんじ》と送《おく》りがなで書きましょう。

(1) ボタンをはずす。（　　）

(2) 大声でうたう。（　　）

(3) じゅ業《ぎょう》がおわる。（　　）

(4) あたらしい本。（　　）

(5) こまかいもよう。（　　）

(6) したしい友だち。（　　）

(7) ひもをもちいる。（　　）

(8) 小鳥をそだてる。（　　）

(9) ボールがあたる。（　　）

(10) しあわせな王様《おうさま》。（　　）

(11) 公園へむかう。（　　）

(12) みずから話す。（　　）

2 できたシール

〈まちがっている送《おく》りがなを正しく書き直すことができる〉

送《おく》りがなのまちがっていることばに——《せん》を引き、右がわに正しく書き直しましょう。

〈れい〉 大きな荷物《にもつ》を運こぶ。（運ぶ）

(1) 考えを文章《ぶんしょう》に書き表わす。

(2) ひもを等しい長さに切る。

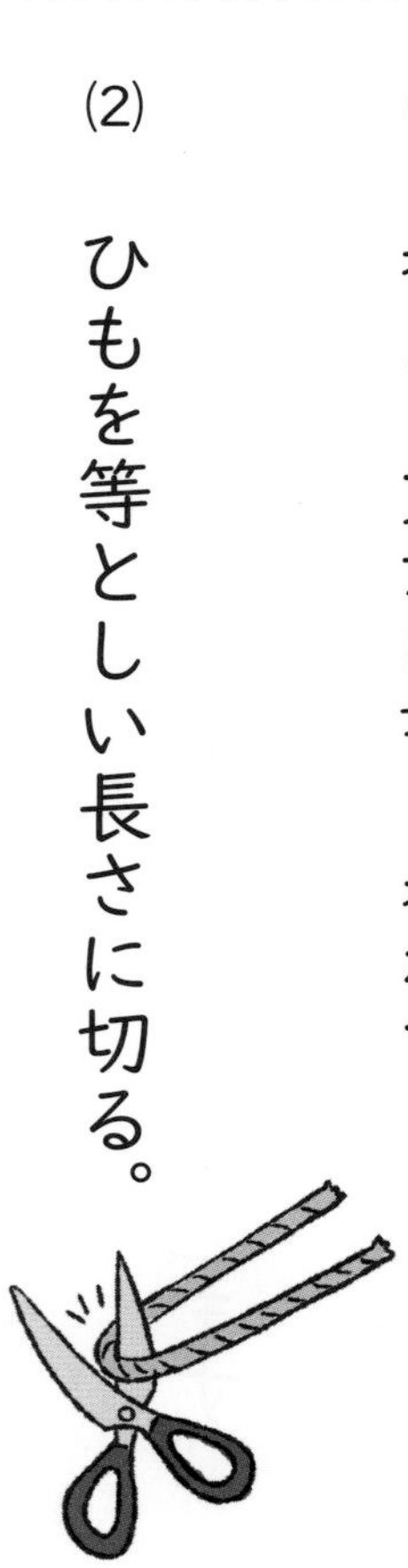

(3) 遊ぶ時間が短かくて、友だちと話せない。

(4) 泳いでいた人は、全たく知らない人だ。

(5) 小さく丸めた雪を地面《じめん》に落す。

13回 国語辞典《じてん》の使《つか》い方《かた》

学習日《がくしゅうび》　月　日

合かくシール
全問《ぜんもん》正かいにできたら合かくシールをはろう！

1 できたシール
〈国語辞典《じてん》に出ていることばのならび方がわかる〉

国語辞典《じてん》に出ているじゅんに、（　）に番号《ばんごう》をつけましょう。

(1)
（　）やま
（　）かわ

(2)
（　）かめ
（　）かさ

(3)
（　）みなと
（　）みなみ

(4)
（　）とけい
（　）りんご
（　）からす

(5)
（　）いちば
（　）いちご
（　）おちば

(6)
（　）はんぶん
（　）にんじん
（　）にんげん

(7)
（　）りょうり
（　）りゅうひょう
（　）りょうし

2 できたシール
〈国語辞典《じてん》に出ていることばの形がわかる〉

――線《せん》のことばを、国語辞典《じてん》に出ている形（言い切りの形）に書き直しましょう。

〈れい〉駅《えき》まで走った。（走る）

(1) ごはんを食べます。（　　）
(2) きげんが直った。（　　）
(3) 海は広かった。（　　）
(4) 家に帰ろう。（　　）
(5) ボールが当たった。（　　）
(6) 木の実《み》が大きかった。（　　）
(7) 肉を買います。（　　）
(8) 元気よく歌おう。（　　）

できなかったところは、もう一度《いちど》やってみましょう。正しく直せたら**できたシール**をはりましょう。

14回 文の組み立て(1)

学習日《がくしゅうび》　月　日

合かくシール
全問《ぜんもん》正かいにできたら合かくシールをはろう！

1 できたシール

〈文中の主語《しゅご》「何が（は）」「だれが（は）」がわかる〉

次《つぎ》の文の主語《しゅご》にあたることばを書きましょう。

(1) 鳥が、三羽、電線に止まっている。（　　）

(2) 妹は、とてもかわいい女の子だ。（　　）

(3) 姉が、犬のさん歩に行く。（　　）

2 できたシール

〈文中の述語《じゅつご》「どうする」がわかる〉

次《つぎ》の文の述語《じゅつご》にあたることばを書きましょう。

(1) ぼくは、明日《あす》、友だちと公園で遊《あそ》ぶ。（　　）

(2) 今日《きょう》は、おじさんが東京から来る。（　　）

3 できたシール

〈文中の述語《じゅつご》「どんなだ」「何だ」がわかる〉

次《つぎ》の文の述語《じゅつご》にあたることばを書きましょう。

(1) お父さんのシャツは、真《ま》っ白《しろ》だ。（　　）

(2) ぼくの家のねこは、しっぽが長い。（　　）

(3) あの高いたて物《もの》は、デパートだ。（　　）

4 できたシール

〈文中の主語《しゅご》と述語《じゅつご》がわかる〉

次《つぎ》の文の主語《しゅご》には——線《せん》を、述語《じゅつご》には〜〜線《せん》を引きましょう。

〈れい〉 妹がつみ木で遊《あそ》ぶ。

(1) 車が家の前に止まる。

(2) 荷物《にもつ》を持《も》ったおばあさんが、電車に乗《の》った。

(3) 美《うつく》しいちょうがとぶ。

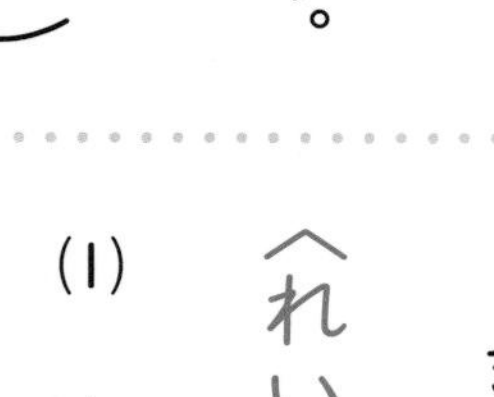

15回 文の組み立て(2)

学習日《がくしゅうび》　月　日

合かくシール
全問《ぜんもん》正かいにできたら合かくシールをはろう！

1 できたシール

〈物事《ものごと》をくわしくすることばがわかる〉

□のことば（修飾語《しゅうしょくご》）がくわしくしていることばを書きましょう。

〈れい〉 **長い**ひもを切る。（ひも）

(1) **新しい**洋服《ようふく》を着《き》る。（　　　）

(2) **赤い**ぼうしをかぶる。（　　　）

(3) **細い**えだを拾《ひろ》う。（　　　）

(4) **一番線の**電車に乗《の》って家に帰る。（　　　）

(5) **知らない**場所《ばしょ》で店をさがす。（　　　）

(6) 前を**黄色いかさをさした**人が歩いている。（　　　）

2 できたシール

〈動《うご》きをくわしくすることばがわかる〉

□のことば（修飾語《しゅうしょくご》）がくわしくしていることばを書きましょう。

〈れい〉 くつを**きちんと**しまう。（しまう）

(1) 母と**のんびり**歩く。（　　　）

(2) 本を**すらすら**読む。（　　　）

(3) うきわが**ぷかぷか**うく。（　　　）

(4) **いそいで**家を出る。（　　　）

(5) **ていねいに**字を書く。（　　　）

(6) 太陽《たいよう》が、**ゆっくり**西にしずむ。（　　　）

(7) ドッジボールで、**すばやく**ボールをよける。（　　　）

できなかったところは、もう一度《いちど》やってみましょう。正しく直せたら**できたシール**をはりましょう。

16回 こそあどことば

学習日《がくしゅうび》　月　日

合かくシール
全問《ぜんもん》正かいにできたら合かくシールをはろう！

〈こそあどことばのはたらきがわかる〉

1 できたシール

□のことばを、どんなことばに書きかえることができますか。後の□からえらんで、〇でかこみましょう。

(1) 日曜日、母と市場に買《か》い物《もの》に行った。市場には、たくさんの魚がならんでいた。

どれ・その・そこ

(2) 家の近くの公園には池がある。池には、大きなこいが泳《およ》いでいる。

あの・その・そこ

(3) 電線に鳥が止まっていた。やがて、鳥は遠くにとんで行ってしまった。

それ・その・そこ

(4) 今日《きょう》、大きな図書館《としょかん》に行った。大きな図書館《としょかん》には、本が何万さつもあったので、おどろいた。

どれ・その・そこ

〈こそあどことばのさしている内ようがわかる〉

2 できたシール

次《つぎ》の□のことばがさしていることばを書きましょう。

(1) きのう、神社《じんじゃ》へ行った。そこのお祭《まつ》りで、ぼくは、おみこしをかついだ。

（　　　）

(2) たん生日プレゼントに自転車《じてんしゃ》を買ってもらった。晴れた日は、それに乗《の》って公園まで行こうと思う。

（　　　）

(3) 家族《かぞく》で遊園地《ゆうえんち》に行った。そこで、かんらん車やジェットコースターに乗《の》った。

（　　　）

(4) ぼくのつくえの上には、新しいノートがおいてある。それは、きのう、母に買ってもらったものだ。

（　　　）

物語《ものがたり》の読みとり(1)

次《つぎ》の文章《ぶんしょう》を読んで、問題《もんだい》に答えましょう。

夏が来ました。
キツネ野原の草は、せたけがずいぶんのびました。
強い風が野原の上を、さあっとふいていきます。
風といっしょに草たちが、波《なみ》のようにおじぎをしたりもどったり。
あの日からみづきは、野原に出かけていきます。
大きなかごを持《も》って毎日。

（『キツネ野原の　レストラン』計良ふき子〈ひさかたチャイルド〉より）

1　できたシール

〈「いつ」を読みとることができる〉

いつのきせつのことですか。

［　　　　］

2　できたシール

〈「どこ」を読みとることができる〉

みづきは、毎日、どこに出かけていますか。

［　　　　］

次《つぎ》の文章《ぶんしょう》を読んで、問題《もんだい》に答えましょう。

［夏休みの一か月間、健太《けんた》の家に、ヒロキがとまりにくることになりました。ヒロキが東京からやってくる日、健《けん》太《た》は一日じゅう、そうじをしていました。］

最後《さいご》に、そうじきをかけ、ぞうきんがけもし、あせびっしょりになりましたが、健《けん》太《た》はヒロキのためにせいいっぱいやりました。
夕方、五時少し前にお父さんの車が着《つ》きました。健《けん》太《た》はげんかんをとび出していきました。
車のドアが開《あ》いてお父さんが出てきました。しかし、ヒロキはなかなかすがたを見せません。

（『健太となかまたち』蒲原ユミ子〈汐文社〉より）

3　できたシール

〈場面《ばめん》の様子《ようす》を読みとることができる〉

(1) そうじきをかけ、ぞうきんがけもした健《けん》太《た》は、どんな様子《ようす》になりましたか。

［（　　　　）になった。］

(2) ヒロキを乗《の》せた、お父さんの車が着《つ》くと、健《けん》太《た》はどうしましたか。

［　　　　］

できなかったところは、もう一度《いちど》やってみましょう。正しく直せたらできたシールをはりましょう。

物語《ものがたり》の読みとり(2)

学習日《がくしゅうび》　月　日

合かくシール　全問《ぜんもん》正かいにできたら合かくシールをはろう！

次《つぎ》の文章《ぶんしょう》を読んで、問題《もんだい》に答えましょう。

〈みづきは、シチューを持《も》ってテーブルにつきました。〉

湯気《ゆげ》の立ったシチューを口に入れようとしたときです。

「ひと口ちょうだい。」

テーブルのかげから、ぴょこんとだれかがとび出しました。

「ぼく、この野原にすんでいるものです。昼間あなたの声が聞こえてきて。」

みづきは持《も》っていたスプーンを落《お》としそうになりました。

全身《ぜんしん》茶色い毛をしたキツネ！　三角の耳を立て、真《ま》っ黒《くろ》なひとみでこちらを見ています。

（『キツネ野原の　レストラン』計良ふき子〈ひさかたチャイルド〉より）

1　できたシール

〈「だれ」を読みとることができる〉

(1)「シチューを口に入れようとした」のは、だれですか。

（　　　　）

(2)テーブルのかげからとび出したのは、だれですか。

（　　　　）

次《つぎ》の文章《ぶんしょう》を読んで、問題《もんだい》に答えましょう。

健太《けんた》は、せの高いヒロキに負《ま》けないようむねを反《そ》らせて、

「よろしくな。」

と兄きぶって言いました。ところが、ヒロキはあごをこくっと下げただけでした。まるで、

「ぼくはしかたなく来たんだよ。」

と言ってるみたいで、いい感《かん》じがしませんでした。今までずっとはりきっていた気持《きも》ちが風船にはりをさされたようにしぼんでしまいました。

（『健太となかまたち』蒲原ユミ子〈汐文社〉より）

2　できたシール

〈人物《じんぶつ》の思いや考えを読みとることができる〉

健太《けんた》は、どんな思いでむねを反《そ》らせたのですか。

（　　　　）という思い。

3　できたシール

〈人物《じんぶつ》の気持《きも》ちを読みとることができる〉

——線《せん》の部分《ぶぶん》から、健太《けんた》のどんな気持《きも》ちがわかりますか。一つえらんで○をつけましょう。

㋐（　）おどろいた気持《きも》ち。

㋑（　）がっかりした気持《きも》ち。

㋒（　）うれしい気持《きも》ち。

せつ明文の読みとり(1)

学習日《がくしゅうび》　月　日

合かくシール
全問《ぜんもん》正かいにできたら合かくシールをはろう！

次《つぎ》の文章《ぶんしょう》を読んで、問題《もんだい》に答えましょう。

ウサギは、とてもおとなしいせいかくをしていて、大きな体やするどいきばやつめもありませんし、木に登《のぼ》ったり、水の中を泳《およ》いだりすることもできません。ですから、オオカミやキツネ、ワシ、フクロウなどのてきにおそわれたら、時速《じそく》七十～八十キロメートルもの速度《そくど》で走ってにげることしかできません。

（『科学のおはなし　動物のふしぎ』〈ＰＨＰ研究所〉より）

1　できたシール
〈何について書かれた文章《ぶんしょう》かを読みとることができる〉
この文章《ぶんしょう》では、なんという動物《どうぶつ》についてせつ明していますか。

〔　　　　　〕

2　できたシール
〈書かれている事《こと》がらを正しく読みとることができる〉
オオカミなどのてきにおそわれたとき、ウサギは、どうやってにげることしかできないのですか。

〔　　　　　〕

次《つぎ》の文章《ぶんしょう》を読んで、問題《もんだい》に答えましょう。

日本では、毎日、時間わりのとおりに教科書とノートをそろえて、学校に持《も》って行きますね。日本以外《いがい》でも、インドネシアやインドなど、その日の時間わりどおりの教科書を持《も》って、学校へ行く国がたくさんあります。

しかし、世界《せかい》の国々の中には、教科書を家に持《も》ち帰らないことが習《しゅう》かんになっているところもあるのです。たとえば、カナダやイギリスなどの小学校では、教科書は学校においておき、筆記用具《ひっきようぐ》やおべんとうだけを持《も》って通学するのがふつうです。

（『国際理解に役立つ　世界の衣食住　8　世界の学校』監修／小松義夫〈小峰書店〉より）

3　できたシール
〈大事《だいじ》な事《こと》がらどうしの、内ようのちがいを読みとることができる〉

(1)インドネシアやインドなどでは、何を持《も》って学校に行きますか。

〔　　　　　〕

(2)カナダやイギリスなどでは、ふつう、何を持《も》って通学しますか。

〔　　　　　〕

できなかったところは、もう一度《いちど》やってみましょう。正しく直せたら**できたシール**をはりましょう。

せつ明文の読みとり(2)

次《つぎ》の文章《ぶんしょう》を読んで、問題《もんだい》に答えましょう。

もうどう犬は、目の不自由《ふじゆう》な人が安全《あんぜん》に外を歩けるように、おてつだいをする犬です。

もうどう犬は、道を歩いていて、曲《ま》がり角《かど》があったり、高さのちがう所《ところ》があったりすると、目の不自由《ふじゆう》な人に教えます。また、道ばたにとめられている自転車《じてんしゃ》など、じゃまになるものがあっても、教えてくれます。

これらをもうどう犬に教えてもらうことで、目の不自由《ふじゆう》な人は、安心《あんしん》して道を歩けるようになるのです。

1 できたシール

〈こそあどことばのさす内ようがわかる〉

これらとありますが、目の不自由《ふじゆう》な人は、道を歩くとき、もうどう犬に、どんなことを教えてもらうのですか。三つ書きましょう。

（　　　　　　　　）があること。

（　　　　　　　　）があること。

（　　　　　　　　）があること。

次《つぎ》の文章《ぶんしょう》を読んで、問題《もんだい》に答えましょう。

森の土は、つもっている落《お》ち葉《ば》などによって、ふかふかのスポンジのようになっています。森にふった雨は、この土の中にすいこまれ、たくわえられます。それから、少しずつしみ出して、川に流《なが》れこむのです。□、森を流《なが》れる川は、森に雨がたくさんふっても、急《きゅう》にあふれることはありません。

2 できたシール

〈文章《ぶんしょう》の内ようを正しく読みとることができる〉

森にふった雨は、どこにたくわえられるのですか。

落《お》ち葉《ば》などによって、(1)（　　　　）のようになっている、(2)（　　　　）の中。

3 できたシール

〈文をつなぐことばのはたらきがわかる〉

□に合うことばを一つえらんで、○でかこみましょう。

しかし・または・だから

作文(1)

学習日《がくしゅうび》　月　日

合かくシール
全問《ぜんもん》正かいにできたら合かくシールをはろう！

1　できたシール

〈「いつ」のはっきりした文が書ける〉

絵を見て、「いつ」がわかる文を作りましょう。

(1)

(2)

(1) わたしは、

(2) ぼくは、

2　できたシール

〈「どこで」のはっきりした文が書ける〉

絵を見て、「どこで」がわかる文を作りましょう。

(1)

(2)

(1) わたしは、

(2) ぼくは、

3　できたシール

〈「だれ」が「どうした」のはっきりした文が書ける〉

絵を見て、□に合うことばを考えて書きましょう。

(1)

(2)

(3)

(1) □（◀だれ）が、思いきりボールを□（◀どうした）。

(2) □（◀だれ）が、店でハンバーガーを□（◀どうした）。

(3) □（◀だれ）が、トラックに荷物《にもつ》を□（◀どうした）。

できなかったところは、もう一度《いちど》やってみましょう。正しく直せたら**できたシール**をはりましょう。

22回 作文(2)

学習日《がくしゅうび》 月 日

合かくシール 全問《ぜんもん》正かいにできたら合かくシールをはろう！

1 できたシール

〈くわしい様子《ようす》の文が書ける〉

絵を見て、〈 〉のことばを使《つか》って文を作りましょう。

(1)〈ワンワン〉

(2)〈トントン〉

(3)〈ジャー〉

(1) 犬が、

(2) 弟が、

(3)

2 できたシール

〈正しいじゅんじょに文をならべかえることができる〉

正しいじゅんじょになるように、（ ）に番号《ばんごう》をつけましょう。

(1)

（ 1 ）紙に顔の絵を書きます。

（ ）耳にわゴムをつけるとお面《めん》です。

（ ）はさみで顔を切りぬきます。

(2)

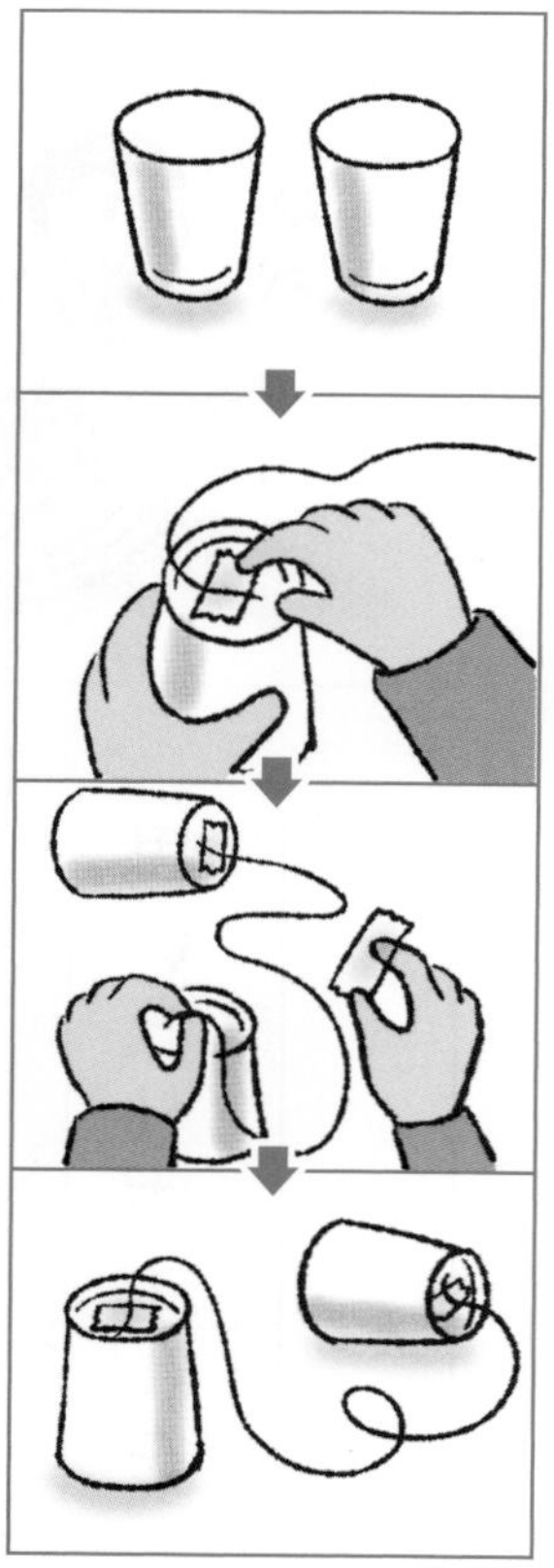

（ ）糸のはしをコップのそこにとめます。

（ ）糸電話のできあがりです。

（ ）紙コップを二つ用意《ようい》します。

（ ）もう一方の糸のはしもとめます。

23回 ローマ字の読み書き

学習《がくしゅう》日《び》　　月　　日

合かくシール
全問《ぜんもん》正かいにできたら合かくシールをはろう！

できたシール　〈ローマ字の読み方がわかる〉

1 読み方をひらがなで書きましょう。

(1) kaeru (　　　　)

(2) usagi (　　　　)

(3) rappa (　　　　)

(4) gakki (　　　　)

(5) hûsen (　　　　)

(6) omotya (　　　　)

(7) ten'in (　　　　)

(8) Ôsaka (　　　　)

できたシール　〈ローマ字を正しく書くことができる〉

2 次のことばを，ローマ字で書きましょう。

(1) みかん

(2) 電車《でんしゃ》

(3) ひこうき

(4) 石《せっ》けん

(5) 本《ほん》屋《や》

(6) 東京《とうきょう》

できなかったところは、もう一度《いちど》やってみましょう。正しく直せたらできたシールをはりましょう。

国語 しあげテスト

学習日《がくしゅうび》　　月　　日

とく点　　点

合かくシール
全問《ぜんもん》正かいにできたら合かくシールをはろう！

次《つぎ》の文章《ぶんしょう》を読んで、問題《もんだい》に答えましょう。

どうして蚊《か》は動物《どうぶつ》の血《ち》をすうのでしょうか。

――それは、たまごを①そだてるためなのです。

"たまごをそだてる"と言えば、メスの仕事《しごと》ですね。そうです。血《ち》をすうのはメスだけです。オスは血《ち》をすいません。

蚊《か》は血《ち》をすうのに、はりのような口で動物《どうぶつ》の皮《ひ》ふをさしますが、このとき、はりの先からだ液《えき》が流《なが》れ出ます。蚊《か》にさされたところがかゆくなったり、赤くなったりするのは、だ液《えき》に毒物《どくぶつ》質《しつ》がふくまれているせいです。何日も、あるいは何か月もさされつづけている人には、こういうことはありません。一種《いっしゅ》のめんえき*ができるからです。

人間やその他《た》の動物《どうぶつ》からすいとった血《ち》は、たまごをそだてるのに使《つか》われるだけではありません。メスが生きていくためのえいよう源《げん》にもなります。それでは、オスはえいようをどこからとるのでしょうか。

このことは、まだきちんと調《しら》べられていません。②自然《しぜん》界で起《お》きていることのなかには、かんたんなようでも、まだわかっていないことがたくさんあります。

*めんえき…毒物質《どくぶっしつ》から体を守《まも》るしくみ。

（『蚊も時計を持っている』千葉喜彦〈さ・え・ら書房〉より）

1 ――①を漢字《かんじ》で書き、――②の読みをひらがなで書きましょう。（一つ10点）

①（　　　）てる　②（　　　）

2 この文章《ぶんしょう》は何について書かれていますか。（15点）

（　　　）について。

3 蚊《か》にさされると、かゆくなったり赤くなったりするのはなぜですか。（一つ10点）

蚊《か》の（　　）に（　　）がふくまれているから。

4 蚊《か》はすいとった血《ち》を何に使《つか》いますか。二つ答えましょう。（一つ15点）

［　　　］

［　　　］

5 「このこと」とは何のことですか。（15点）

（　　　）ということ。

社会 しあげテスト

学習日《がくしゅうび》　　月　　日

とく点　　点

合かくシール
全問《ぜんもん》正かいにできたら合かくシールをはろう！

1 右の地図を見て，次《つぎ》の問題《もんだい》に答えましょう。　（1つ10点）

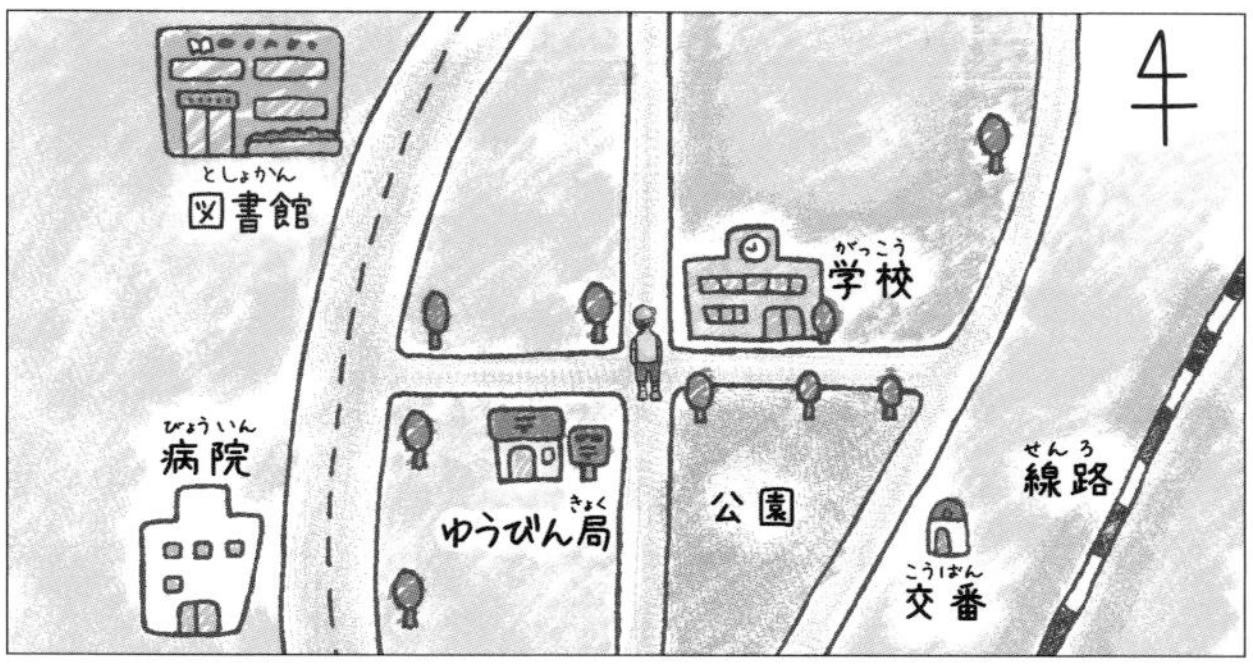

(1)　次の地図記号《きごう》がしめすたて物《もの》を，地図からえらんで書きましょう。

① 　（　　　　　　　）

② 　（　　　　　　　）

(2)　右の方位《ほうい》じしんにかかる矢じるしのさす方がくを八方位で答えましょう。

（　　　　　　　　　　　）

(3)　学校から見て，(2)の方位にあるたて物をすべて書きましょう。（　　　　　　　　　　　）

2 食べ物の工場ではたらく人について，次の問題に答えましょう。　（1つ15点）

(1)　右の絵は，はたらく人が工場に入る前にかならず通る，かべから空気が出る部屋《へや》です。ここですることを書きましょう。

（　　　　　　　　　　　　　　　　　）

(2)　食べ物の工場ではたらく人が，とくに注意《ちゅうい》していることを，次のア〜ウからえらびましょう。　（　　　　　）

ア　せいけつ　　イ　早くつくる　　ウ　やすくつくる

3 次の問題に答えましょう。　（1つ10点）

(1)　（　）にあてはまる数字を書きましょう。

「（　　　　）番の電話は，消防本部《しょうぼうほんぶ》の通信指令室《つうしんしれいしつ》につながります。」

(2)　①，②の写真《しゃしん》の消防，安全《あんぜん》しせつの名前を書きましょう。

①（　　　　　　　）　②（　　　　　　　）

理科 しあげテスト

学習日《がくしゅうび》　　月　　日

とく点　　点

合かくシール
全問《ぜんもん》正かいにできたら合かくシールをはろう！

1 右の図は，モンシロチョウのからだのつくりを表《あらわ》したものです。次《つぎ》の問題《もんだい》に答えましょう。（１つ8点）

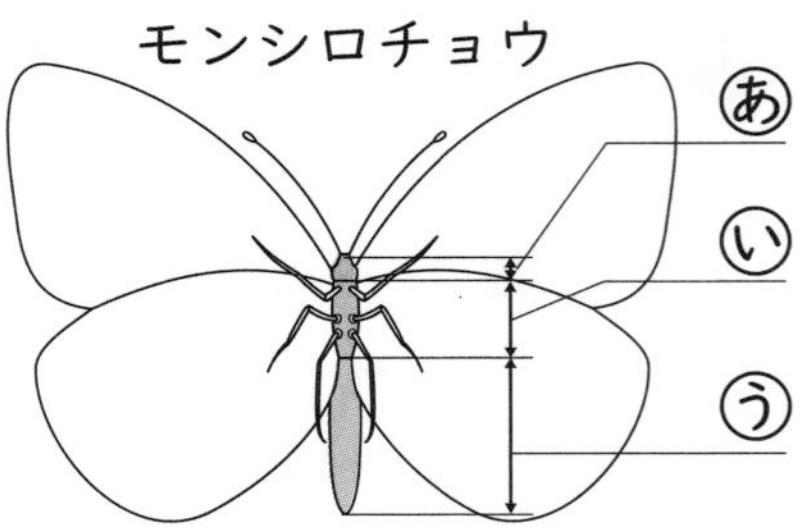

① 図のⓐ～ⓤの部分《ぶぶん》を，それぞれ何といいますか。

ⓐ（　　　　　）ⓘ（　　　　　）ⓤ（　　　　　）

② あしがついている部分を，ⓐ～ⓤから１つえらびましょう。

（　　　　　）

③ 図のように，からだがⓐ～ⓤの部分に分かれていて，あしが６本ついている生き物《もの》を何といいますか。（　　　　　）

2 日本のある場所《ばしょ》で太陽《たいよう》とかげの動《うご》き方を調《しら》べました。右の図のⓐ～ⓤは，午前10時，正午，午後２時の太陽で，ぼうのかげは正午のものを表しています。次の問題に答えましょう。（１つ10点）

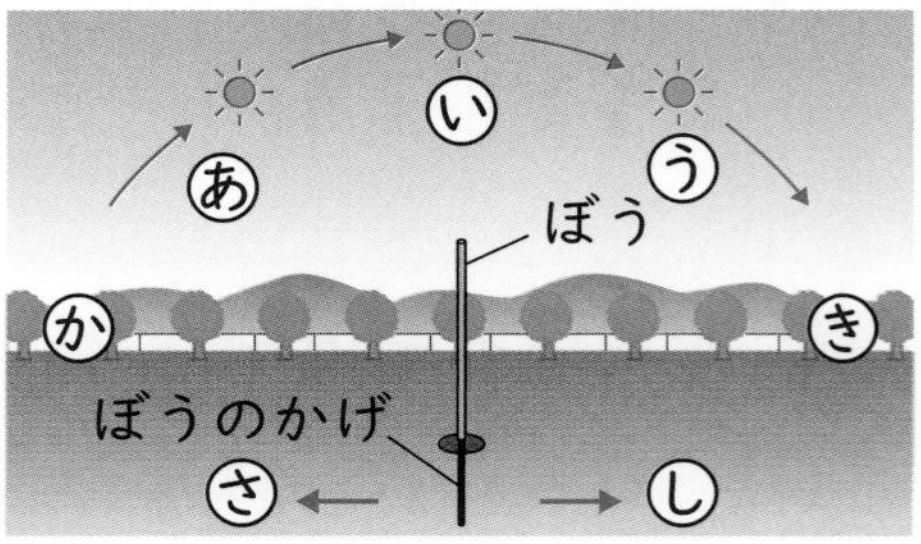

① ⓚ，ⓚⓘにあてはまる方位《ほうい》は，それぞれ北，南，東，西のうちどれですか。

ⓚ（　　　　　）ⓚⓘ（　　　　　）

② ⓐ～ⓤのうち，午後２時の太陽はどれですか。（　　　）

③ ぼうのかげは，時間がたつと，図のいちからどのように動きますか。ⓢ，ⓢⓘからえらびましょう。（　　　）

3 右の図のように，豆電球《まめでんきゅう》をソケットに入れて，かん電池とどう線でつなぎ，「？」の部分にいろいろなものをつなぎました。次の問題に答えましょう。（１つ10点）

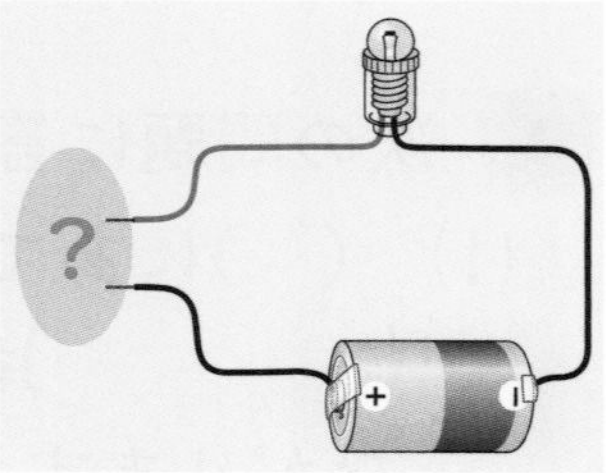

① 図の「？」の部分に何をつないだときに，豆電球の明かりがつきますか。次の㋐～㋓からえらびましょう。

㋐ ペットボトルのふた　　㋑ 消《け》しゴム　　（　　　）
㋒ 10円玉　　㋓ ガラスのコップ

② ①で豆電球の明かりがついたとき，電気の通り道ができています。この電気の通り道を何といいますか。（　　　　　）

算数 しあげテスト

学習《がくしゅう》日《び》　　月　　日

とく点　　点

合かくシール
全問《ぜんもん》正かいにできたら合かくシールをはろう！

1 次《つぎ》の問題《もんだい》に答えましょう。　（1つ5点）

① 「38027516」の読み方を漢字《かんじ》で書きましょう。

（　　　　　　　　）

② 「五百三十万千六百四十六」を数字で書きましょう。

（　　　　　　　　）

2 次《つぎ》の計算をしましょう。　（1つ5点）

① $\begin{array}{r} 38 \\ \times\quad 5 \\ \hline \end{array}$　② $\begin{array}{r} 43 \\ \times 12 \\ \hline \end{array}$　③ $\begin{array}{r} 57 \\ \times 49 \\ \hline \end{array}$　④ $\begin{array}{r} 608 \\ \times\quad 73 \\ \hline \end{array}$

⑤ 63÷7＝　⑥ 84÷4＝　⑦ 0÷9＝

⑧ 1.3＋4.2＝　⑨ 3－0.3＝　⑩ 1.2－0.7＝

3 次《つぎ》の□にあてはまる数を書きましょう。　（1問《もん》5点）

① 4200m＝□km□m　② 7km900m＝□m

③ 5t＝□kg　④ 3kg600g＝□g

4 下の㋐～㋕の三角形の中から，コンパスを使《つか》って，二等辺《にとうへん》三角形と正三角形を全部《ぜんぶ》えらんで，（　）に記号《きごう》を書きましょう。　（全部《ぜんぶ》できて1つ5点）

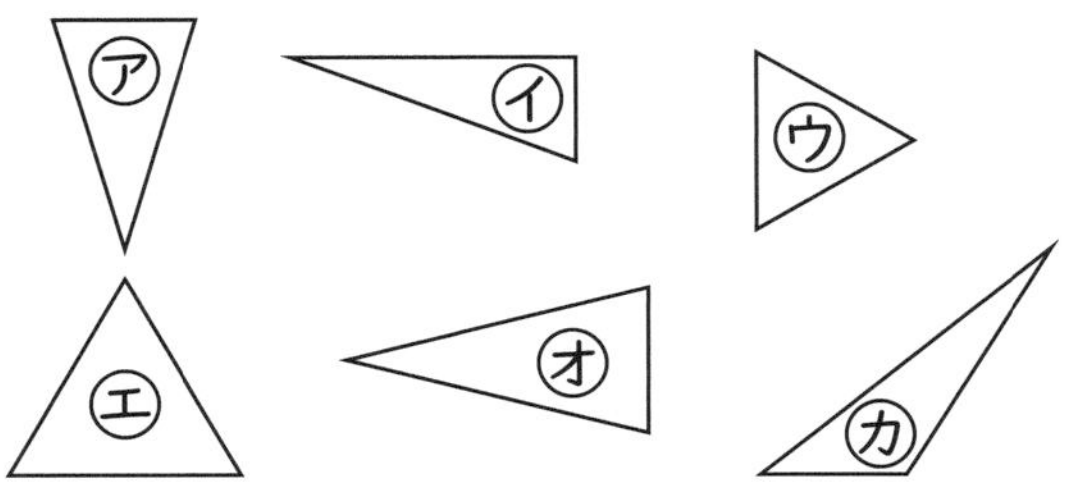

二等辺《にとうへん》三角形（　　　　）

正三角形（　　　　）

5 70このあめを，1人に8こずつくばると，何人に分けられますか。また，何こあまりますか。　（10点）

式《しき》

答え（　　　　　　　　）

23回 いろいろな問題《もんだい》

学習日《がくしゅうび》　　月　　日

合かくシール　全問《ぜんもん》正かいにできたら合かくシールをはろう！

できたシール　〈木から木までの長さをもとめる〉

1 まっすぐな道路《どうろ》ぞいに，15 m ごとに木が植《う》えてあります。かいとさんは，1 本目から 7 本目まで走ります。かいとさんは何 m 走りますか。

式《しき》

答え（　　　　）

できたシール　〈まるい形の池のまわりの長さをもとめる〉

2 まるい形をした池のまわりに，12 本の木が 4 m ごとに 1 本ずつ植《う》えてあります。この池のまわりを 1 しゅうすると，何 m になりますか。

式《しき》

答え（　　　　）

できたシール　〈重《かさ》なりを考えて，全体《ぜんたい》の長さをもとめる〉

3 長さ 100 cm のテープを 2 本つなぎます。つなぎ目を 8 cm にすると，テープの長さは，全体《ぜんたい》で何 cm になりますか。

式《しき》

答え（　　　　）

できたシール　〈重《かさ》なりを考えて，つなぎ目の長さをもとめる〉

4 120 cm のテープに，80 cm のテープをつないで，全体《ぜんたい》の長さが 185 cm になるようにするためには，つなぎ目の長さを何 cm にすればよいですか。

式《しき》

答え（　　　　）

できたシール　〈ちがいを考えて，それぞれのテープの長さをもとめる〉

5 赤いテープは，白いテープより 5 cm 長いそうです。また，赤いテープと白いテープの長さをあわせると，45 cm になります。赤いテープと白いテープの長さはそれぞれ何 cm ですか。

式《しき》

答え（　　　　　　　　　　）

22回 □を使《つか》った式《しき》

学習日《がくしゅうび》　月　日

合かくシール
全問《ぜんもん》正かいにできたら合かくシールをはろう!

できたシール　〈□を使《つか》った式《しき》をつくる〉

1 次《つぎ》の問題《もんだい》に答えましょう。

① はとが何わかいました。あとから 13 わとんできたので，全部《ぜんぶ》で 21 わになりました。はじめにいたはとの数を□わとして，たし算の式《しき》に表《あらわ》しましょう。

式《しき》 ＿＿＿＿＿＿＿＿＿＿

② 同じえん筆《ぴつ》を 10 本買ったら，代金《だいきん》は 960 円だったそうです。このえん筆《ぴつ》1 本のねだんを□円として，かけ算の式《しき》に表《あらわ》しましょう。

式《しき》 ＿＿＿＿＿＿＿＿＿＿

できたシール　〈□を使《つか》った式《しき》の答えのもとめ方〉

2 次《つぎ》の式《しき》の□にあてはまる数をもとめて，(　)に書きましょう。

① □＋12＝36　(　　　)
② 26＋□＝53　(　　　)
③ □－8＝15　(　　　)
④ □×3＝27　(　　　)
⑤ 7×□＝56　(　　　)
⑥ □÷6＝9　(　　　)

できたシール　〈□を使《つか》った式《しき》をつくって，□の数をもとめる〉

3 ひもが何 m かありました。このひもを 4 m ずつ切ったら，ちょうど 9 本になりました。はじめにあったひもの長さは何 m ですか。はじめにあったひもの長さを□m としてわり算の式《しき》に表《あらわ》し，答えをもとめましょう。

式《しき》

答え (　　　　)

できなかったところは、もう一度《いちど》やってみましょう。正しく直せたらできたシールをはりましょう。

21回 かけ算とわり算(2)

学習日《がくしゅうび》　月　日

合かくシール
全問《ぜんもん》正かいにできたら合かくシールをはろう！

できたシール 〈3 つの数のかけ算でもとめる〉

1 1 こ 90 円のおかしが 5 こずつ入った箱《はこ》があります。2 箱《はこ》買うと，代金《だいきん》は何円ですか。

式《しき》

答え (　　　　)

できたシール 〈べつべつにもとめるか，いっしょにもとめる〉

2 50 円切手を 6 まいと，100 円切手を 6 まい買いました。代金《だいきん》は全部《ぜんぶ》で何円ですか。

式《しき》

答え (　　　　)

できたシール 〈何倍《ばい》かをもとめる〉

3 あおいさんはおはじきを 36 こ，妹は 9 こ持《も》っています。あおいさんは，妹の何倍《ばい》のおはじきを持《も》っていますか。

式《しき》

答え (　　　　)

できたシール 〈あまりのあるわり算〉

4 60 まいの色紙を，1 人に 7 まいずつ分けると，何人に分けられますか。また，何まいあまりますか。

式《しき》　答え (　　　　)

できたシール 〈あまりの分をふやして答えるわり算〉

5 1 まいの画用紙から同じ大きさのカードを 8 まいつくります。カードを 70 まいつくるには，何まいの画用紙があればよいですか。

式《しき》

答え (　　　　)

できたシール 〈あまりの分を考えないで答えるわり算〉

6 なしを 1 箱《はこ》に 9 こずつ入れます。85 このなしでは，9 こ入りの箱《はこ》は何箱《はこ》できますか。

式《しき》

答え (　　　　)

できなかったところは、もう一度《いちど》やってみましょう。正しく直せたら**できたシール**をはりましょう。

くもんの小学3年の総復習ドリル

算《さん》数《すう》教《きょう》科《か》書《しょ》対《たい》照《しょう》表《ひょう》

小学3年生

くもんの小学3年の総復習ドリル			教科書のページ					
回数	たんげん名	ページ	東京書籍 新しい算数 3	啓林館 わくわく算数 3	学校図書 みんなと学ぶ 小学校算数 3年	日本文教出版 小学算数 3年	教育出版 小学 算数 3	大日本図書 たのしい算数 3年
1	大きい数	50	上84~95	上58~71	下4~17	上94~104	上106~115	108~120
2	小数	49	下2~9	下70~76	下41~47	下22~28	下66~73	138~146
3	分数	48	下36~45	下40~46	下85~93	下48~57	下36~43	162~170
4	たし算	47	上48~55	上38~47, 90~91	上62~77	上48~60	上34~47	26~35
5	ひき算	46						
6	かけ算(1)	45	上8~22, 98~110 下58~66	上10~15 下20~33, 86~91	上10~20, 111~124 下72~81	上10~24 下6~18, 82~89	上10~19 下2~17, 84~93	10~21, 78~91, 214~223
7	かけ算(2)	44						
8	かけ算(3)	43						
9	わり算	42	上34~44, 74~81	上20~31, 104~113	上32~55	上26~36,108~115	上51~64, 93~101	56~66, 125~133, 136~137
10	小数のたし算とひき算	41	下10~17	下77~80	下48~51	下29~32	下74~79	147~151
11	分数のたし算とひき算	40	下46~47	下47~49	下94~95	下58~60	下44~47	171~173
12	長さ	39	上60~66	上98~102	上100~107	上82~87	上67~72	155~159
13	重さ	38	下22~32	上116~127	下99~110	下36~45	下20~32	190~200
14	時こくと時間	37	上27~32	上52~55	上23~28, 下37~39	上40~44	上22~31	70~75
15	円と球	36	上120~129	下2~11	下20~33	上120~127	上118~129	94~104
16	三角形と角	35	下74~87	下58~67	下54~67	下66~76	下50~61	176~185
17	表とグラフ(1)	34	下90~101	上74~87	上84~93	上64~77	上75~89	39~54
18	表とグラフ(2)	33						
19	たし算とひき算	32	上48~55	上38~47, 90~91	上62~77	上48~60	上34~47	26~35
20	かけ算とわり算(1)	31	上のかけ算，わり算のページにくわえて，上114~117, 下70~73	上のかけ算，わり算のページにくわえて，下14~19, 36~39	上のかけ算，わり算のページにくわえて，上60~61	上のかけ算，わり算のページ	上のかけ算，わり算のページ	上のかけ算，わり算のページにくわえて，226~227
21	かけ算とわり算(2)	30						
22	□を使った式	29	下50~55	下94~99	下116~122	下94~98	下96~101	205~211
23	いろいろな問題	28	上58~59, 下108~109	下52~53	—	—	上104	69

くもんの小《しょう》学《がく》ドリルシリーズとの対《たい》照《しょう》表《ひょう》

総復習《そうふくしゅう》ドリルをやってみて、さらに基《き》礎《そ》からしっかり学習《がくしゅう》したいときには、この表《ひょう》にある小学《しょうがく》ドリルで学習《がくしゅう》するとよいでしょう。

算数

くもんの小学3年の総復習ドリル 回	たんげん名	ページ	くもんの小学ドリル
1	大きい数	50	3年生の数・りょう・図形
2	小数	49	3年生の数・りょう・図形
3	分数	48	3年生の数・りょう・図形
4	たし算	47	3年生のたし算・ひき算
5	ひき算	46	3年生のたし算・ひき算
6	かけ算(1)	45	3年生のかけ算
7	かけ算(2)	44	3年生のかけ算
8	かけ算(3)	43	3年生のかけ算
9	わり算	42	3年生のわり算
10	小数のたし算とひき算	41	3年生のたし算・ひき算
11	分数のたし算とひき算	40	3年生のたし算・ひき算
12	長さ	39	3年生の数・りょう・図形
13	重さ	38	3年生の数・りょう・図形
14	時こくと時間	37	3年生の数・りょう・図形
15	円と球	36	3年生の数・りょう・図形
16	三角形と角	35	3年生の数・りょう・図形
17	表とグラフ(1)	34	3年生の数・りょう・図形
18	表とグラフ(2)	33	3年生の数・りょう・図形
19	たし算とひき算	32	3年生の文章題
20	かけ算とわり算(1)	31	3年生の文章題
21	かけ算とわり算(2)	30	3年生の文章題
22	□を使った式	29	3年生の文章題
23	いろいろな問題	28	3年生の文章題

国語

くもんの小学3年の総復習ドリル 回	たんげん名	ページ	くもんの小学ドリル
1	漢字の書き(1)	1	3年生の漢字
2	かん字の書き(2)	2	3年生の漢字
3	かん字の書き(3)	3	3年生の漢字
4	漢字の書き(4)	4	3年生の漢字
5	漢字の読み方(1)	5	3年生の漢字
6	漢字の読み方(2)	6	3年生の漢字
7	漢字の組み立て	7	3年生の漢字
8	漢字の使い方(1)	8	3年生の漢字
9	漢字の使い方(2)	9	3年生の漢字
10	なかまのことば	10	3年生の言葉と文のきまり
11	送りがな(1)	11	3年生の言葉と文のきまり
12	送りがな(2)	12	3年生の言葉と文のきまり
13	国語辞典の使い方	13	3年生の言葉と文のきまり
14	文の組み立て(1)	14	3年生の言葉と文のきまり
15	文の組み立て(2)	15	3年生の言葉と文のきまり
16	こそあどことば	16	3年生の言葉と文のきまり
17	物語の読みとり(1)	17	3年生の文章の読解
18	物語の読みとり(2)	18	3年生の文章の読解
19	せつ明文の読みとり(1)	19	3年生の文章の読解
20	せつ明文の読みとり(2)	20	3年生の文章の読解
21	作文(1)	21	3年生の言葉と文のきまり
22	作文(2)	22	3年生の言葉と文のきまり
23	ローマ字の読み書き	23	3年生の言葉と文のきまり

20回 かけ算とわり算(1)

学習日《がくしゅうび》　月　日

合かくシール
全問《ぜんもん》正かいにできたら合かくシールをはろう！

できたシール 〈かけ算の式《しき》をつくる〉

1 1こ45円の消《け》しゴムを3こ買いました。次《つぎ》の式《しき》の□にあてはまる数を書いて，代金《だいきん》をもとめましょう。

式《しき》 □ × □ = □　　答え（　　　）

できたシール 〈わり算の式《しき》をつくる〉

2 あめが30こあります。これを5人で同じ数ずつ分けます。次《つぎ》の式《しき》の□にあてはまる数を書いて，1人分のあめの数をもとめましょう。

式《しき》 □ ÷ □ = □　　答え（　　　）

できたシール 〈代金《だいきん》をもとめる〉

3 1こ315円のケーキを5こ買いました。代金《だいきん》は何円ですか。

式《しき》

答え（　　　）

できたシール 〈何倍《ばい》かの数をもとめる〉

4 青い色紙が42まいあります。赤い色紙の数は，青い色紙の3倍《ばい》です。赤い色紙は何まいありますか。

式《しき》

答え（　　　）

できたシール 〈分けられる人数をもとめる〉

5 みかんが54こあります。1人に6こずつ分けると，何人に分けられますか。

式《しき》

答え（　　　）

できたシール 〈全体《ぜんたい》から1つをもとめる〉

6 同じあつさの本を8さつならべたら，はば32cmの本立てがちょうどいっぱいになりました。この本1さつのあつさは何cmですか。

式《しき》

答え（　　　）

できなかったところは、もう一度《いちど》やってみましょう。正しく直せたら**できたシール**をはりましょう。

19回 たし算とひき算

できたシール〈全部《ぜんぶ》の人数をもとめる式《しき》をつくる〉

1 ゆうとさんの学校は，3年生が156人，4年生が148人です。ゆうとさんの学校の3年生と4年生の合計の人数をもとめる次《つぎ》の式《しき》で，□にあてはまる数を書きましょう。

□ ＋ □

できたシール〈ちがいをもとめる式《しき》をつくる〉

2 船に大人《おとな》が256人，子どもが318人乗《の》っています。船に乗《の》っている大人《おとな》と子どもの人数のちがいをもとめる次《つぎ》の式《しき》で，□にあてはまる数を書きましょう。

□ − □

できたシール〈のこりをもとめるひき算〉

3 いつきさんは860円持《も》っています。155円のノートを買うと，のこりは何円になりますか。

式《しき》

答え（　　　　）

できたシール〈ふえるといくらかをもとめるたし算〉

4 あかりさんは670円持《も》っていました。今日《きょう》，お母さんから350円もらいました。あかりさんは，いま何円持《も》っていますか。

式《しき》

答え（　　　　）

表《ひょう》とグラフ(2)

できたシール 〈ぼうグラフの目もり〉

1 下のグラフで，１目もりはそれぞれどれだけの大きさを表《あらわ》していますか。

① 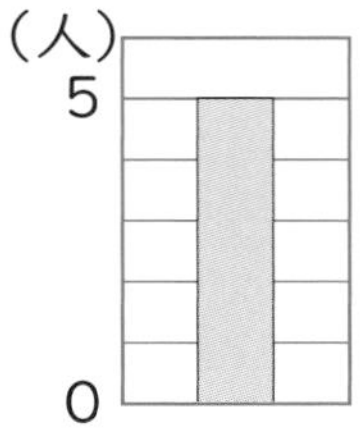

(　　　　)

② 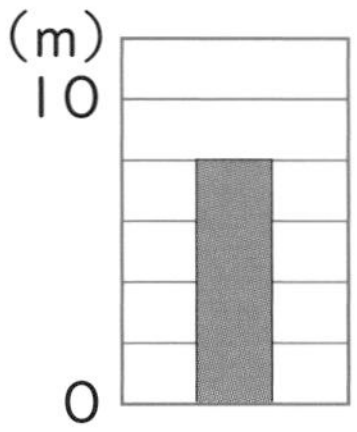

(　　　　)

③ 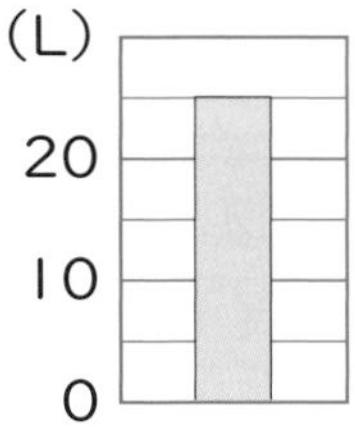

(　　　　)

できたシール 〈ぼうグラフを読む〉

2 右のぼうグラフを見て，次《つぎ》の問題《もんだい》に答えましょう。

①　１目もりは何人を表《あらわ》していますか。

(　　　　)

②　メロンがすきな人は何人ですか。

(　　　　)

③　りんごがすきな人とみかんがすきな人のちがいは何人ですか。

(　　　　)

(人)すきなくだもの調《しら》べ

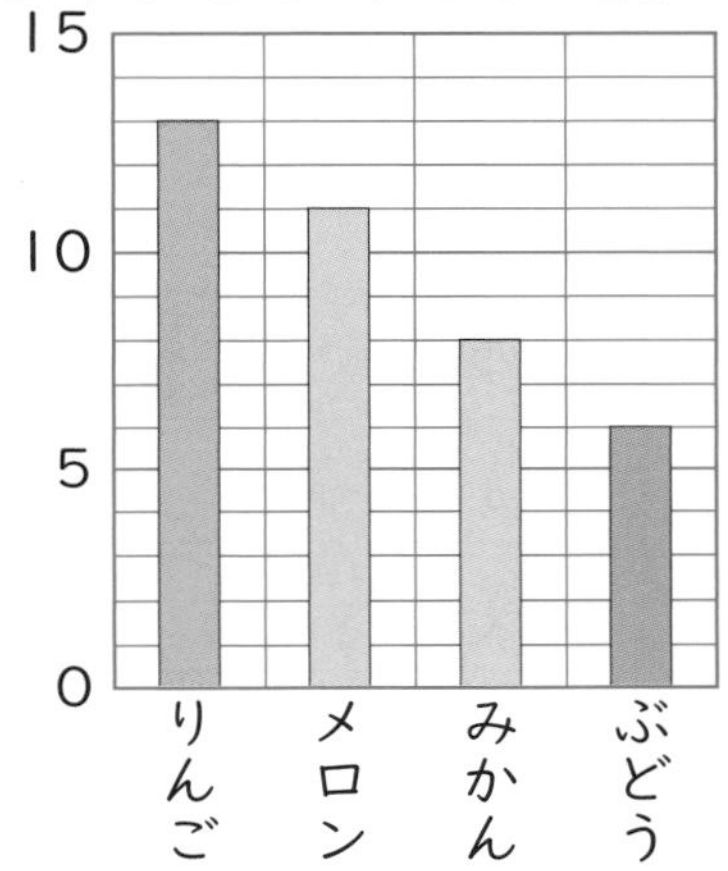

できたシール 〈ぼうグラフをかく〉

3 下の表《ひょう》は，みなとさんたち４人のボール投《な》げの記ろくです。

ボール投《な》げの記ろく

名前	みなと	いちか	はるき	あかり
記ろく(m)	22	16	24	18

ボール投《な》げの記ろくを，右のグラフに記ろくのよいじゅんに表《あらわ》します。□に名前を書いて，ぼうグラフに表《あらわ》しましょう。

ボール投《な》げの記ろく

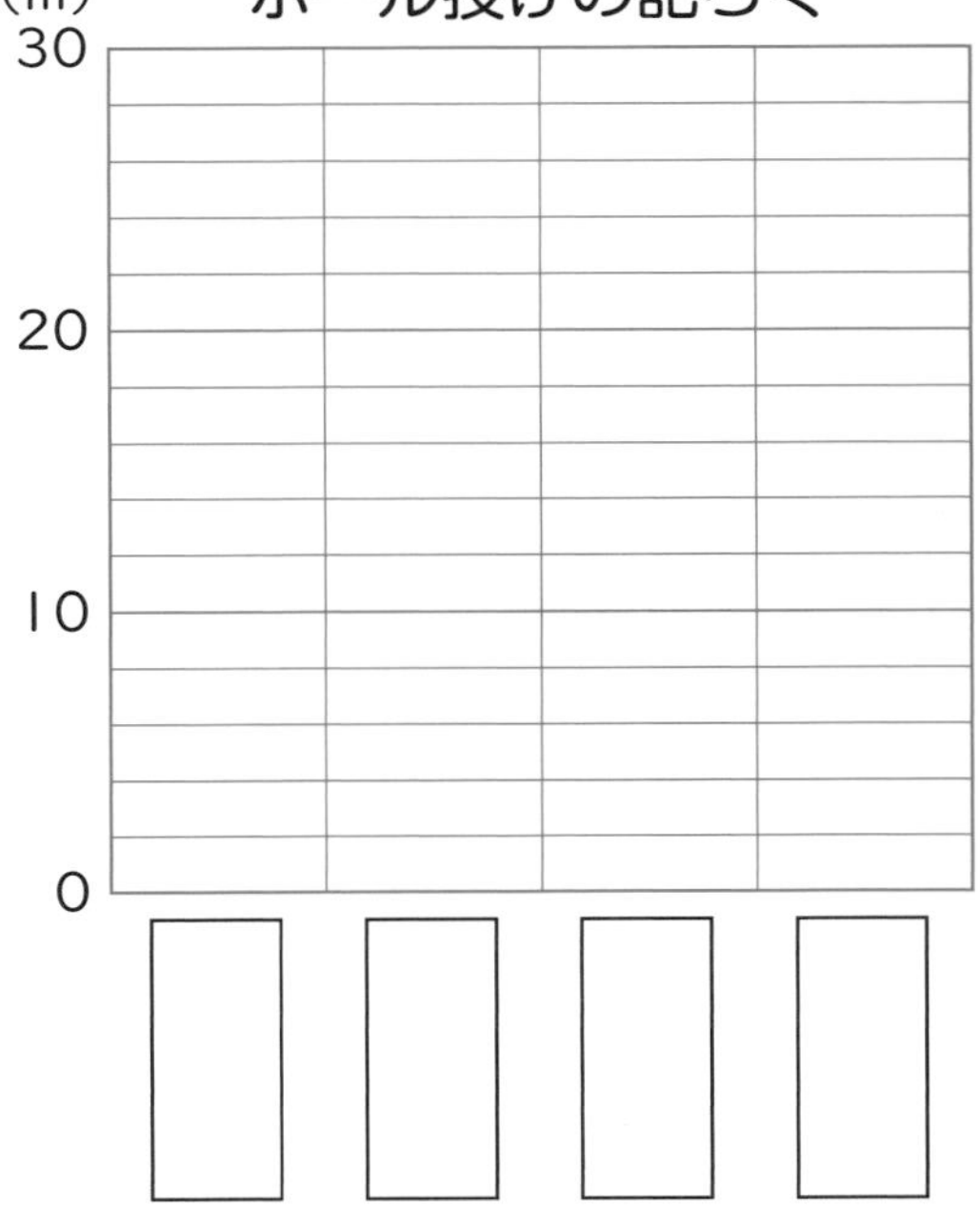

17回 表《ひょう》とグラフ(1)

学習日《がくしゅうび》　　月　　日

合かくシール
全問正《ぜんもん》かいにできたら合かくシールをはろう！

できたシール　〈表《ひょう》づくり〉

1 ３年１組で，「物語《ものがたり》，でん記，図かん，まんが」の中から，せきじゅんにすきな本を調《しら》べ，表《ひょう》に整理《せいり》します。

図かん	物《もの》語《がたり》	でん記	物《もの》語《がたり》	まんが	でん記
物《もの》語《がたり》	まんが	図かん	物《もの》語《がたり》	でん記	物《もの》語《がたり》
でん記	物《もの》語《がたり》	まんが	図かん	物《もの》語《がたり》	まんが
まんが	図かん	物《もの》語《がたり》	まんが	まんが	図かん
物《もの》語《がたり》	でん記	まんが	物《もの》語《がたり》	でん記	物《もの》語《がたり》

① 下の表《ひょう》の，上のだんのあいているところに「正」の字を書いて，すきな本のしゅるいべつの人数を調《しら》べましょう。

すきな本調《しら》べ

しゅるい	物語《ものがたり》	でん記	図かん	まんが	合計
「正」の字					
人数（人）					

② 上の表《ひょう》の，下のだんに人数を書いて，整理《せいり》しましょう。

③ すきな人がいちばん多かった本のしゅるいは何ですか。　（　　　）

できたシール　〈表《ひょう》を読む〉

2 ３年１組，２組，３組で，すきなスポーツを調《しら》べて表《ひょう》にまとめました。

すきなスポーツ調《しら》べ　（人）

しゅるい＼組	１組	２組	３組	合計
野球《やきゅう》	8	10	7	25
サッカー	9	7	10	26
ドッジボール	12	9	8	29
その他《た》	4	5	7	16
合計	33	31	32	㋐

① ３年１組で，サッカーがすきな人は何人ですか。　（　　　）

② 野球《やきゅう》がすきな人は，全部《ぜんぶ》で何人ですか。　（　　　）

③ ３年２組は全部《ぜんぶ》で何人ですか。　（　　　）

④ 表《ひょう》の㋐にあてはまる数をもとめましょう。　（　　　）

三角形と角

学習日《がくしゅうび》　月　日

合かくシール
全問《ぜんもん》正かいにできたら合かくシールをはろう！

できたシール〈三角形の名前〉

1 次《つぎ》の三角形を何といいますか。

①

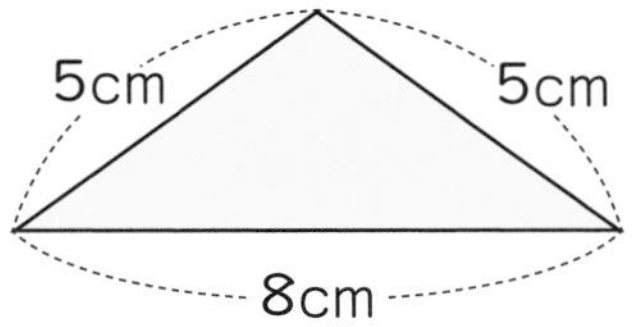

(　　　　)

②

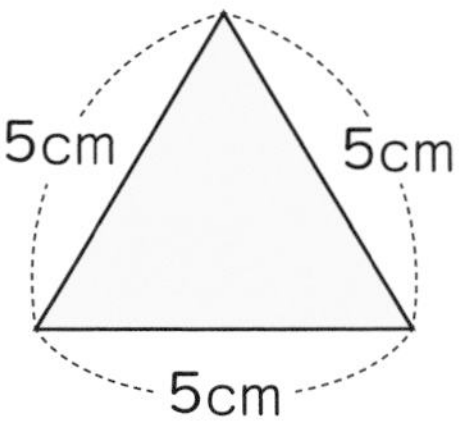

(　　　　)

できたシール〈三角形を見分ける〉

2 下の㋐～㋖の三角形の中から，二等辺《にとうへん》三角形と正三角形を全部《ぜんぶ》えらんで，(　)に記号《きごう》を書きましょう。（コンパスを使《つか》ってもかまいません。）

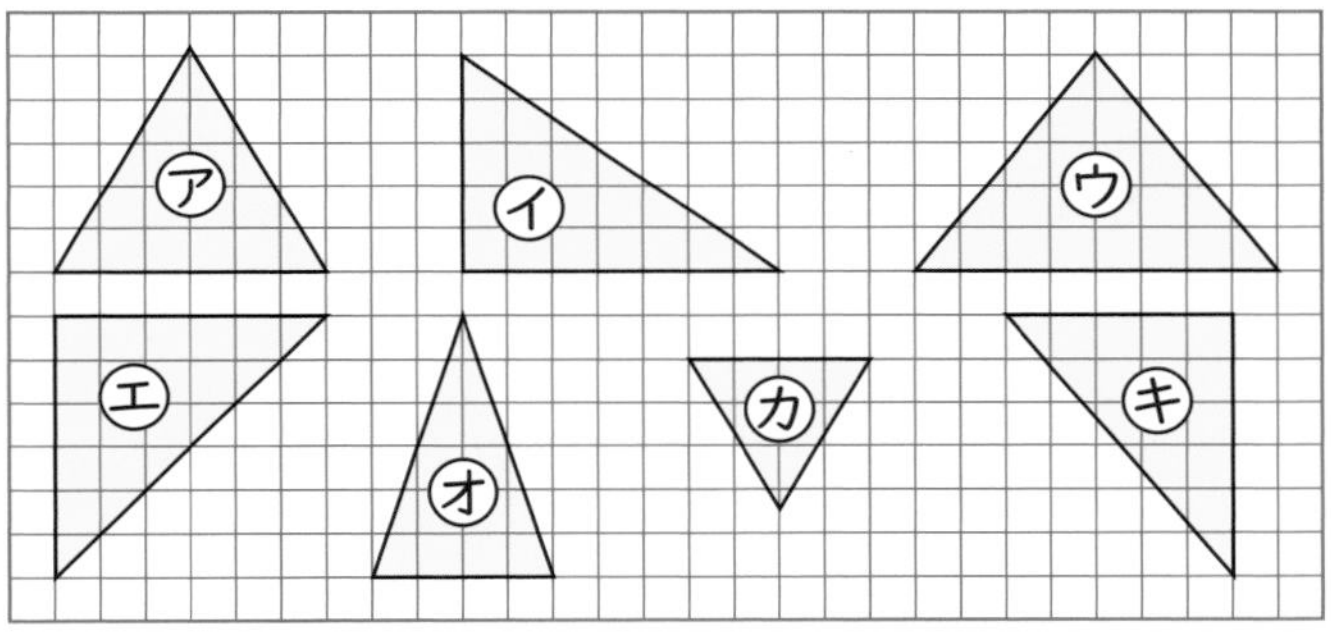

二等辺《にとうへん》三角形(　　　　)

正三角形(　　　　)

できたシール〈角の名前〉

3 下の図を見て，□にあてはまることばを書きましょう。

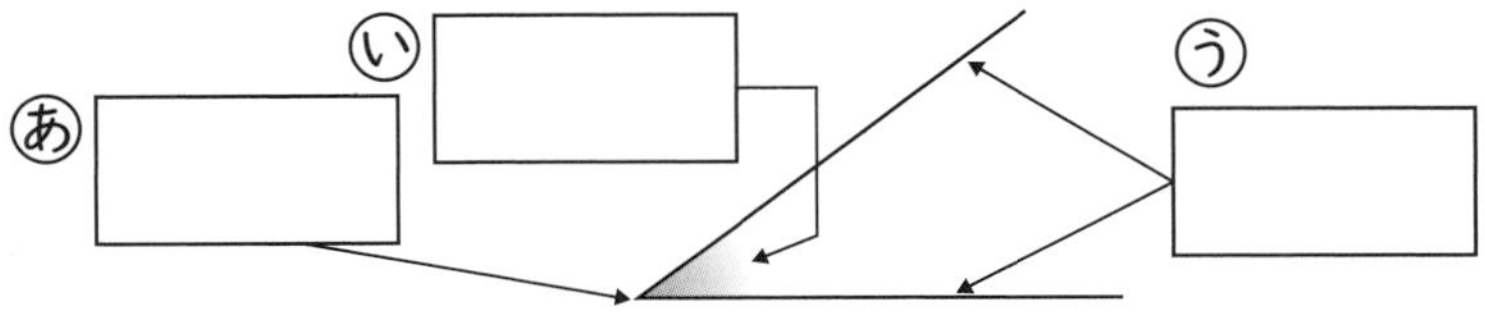

できたシール〈二等辺《にとうへん》三角形の角の大きさ〉

4 右の図の二等辺《にとうへん》三角形について，次《つぎ》の問題《もんだい》に答えましょう。

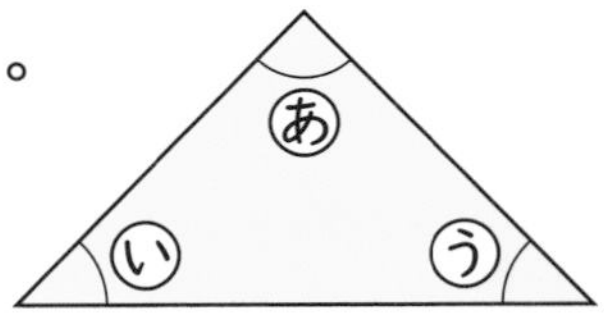

① ㋑の角と同じ大きさの角はどれですか。

(　　　　)

② ㋐の角と㋑の角では，どちらが大きいですか。

(　　　　)

できなかったところは、もう一度《いちど》やってみましょう。正しく直せたら**できたシール**をはりましょう。

15回　円と球《きゅう》

学習日《がくしゅうび》　　月　　日

合かくシール
全問《ぜんもん》正かいにできたら合かくシールをはろう！

できたシール　〈円と球《きゅう》の部分《ぶぶん》の名前〉

1 下の①は円で，②は球《きゅう》を真《ま》ん中で2つに切ったものです。それぞれの□にあてはまることばを書きましょう。

①

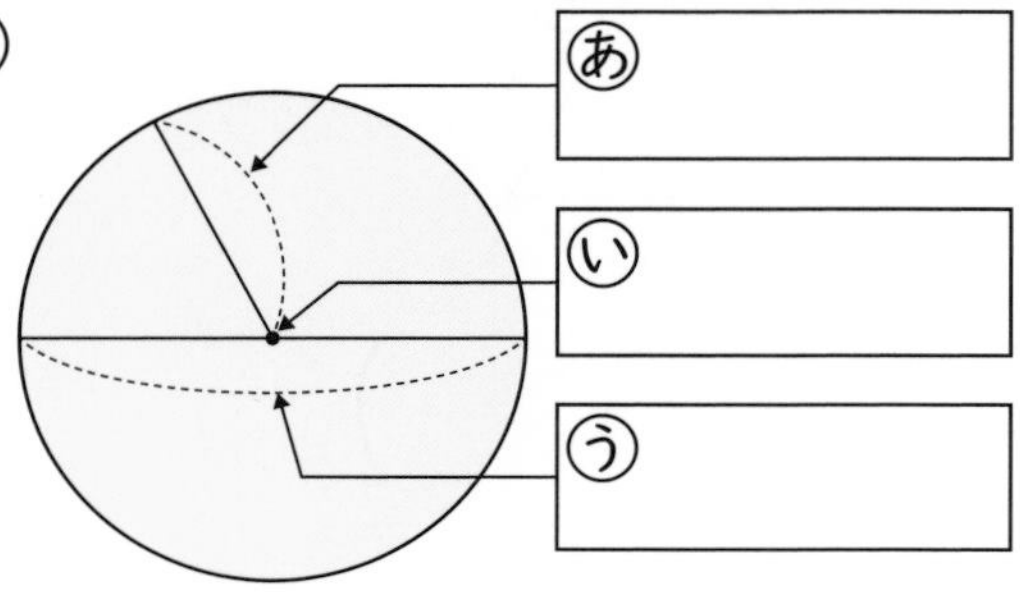

②

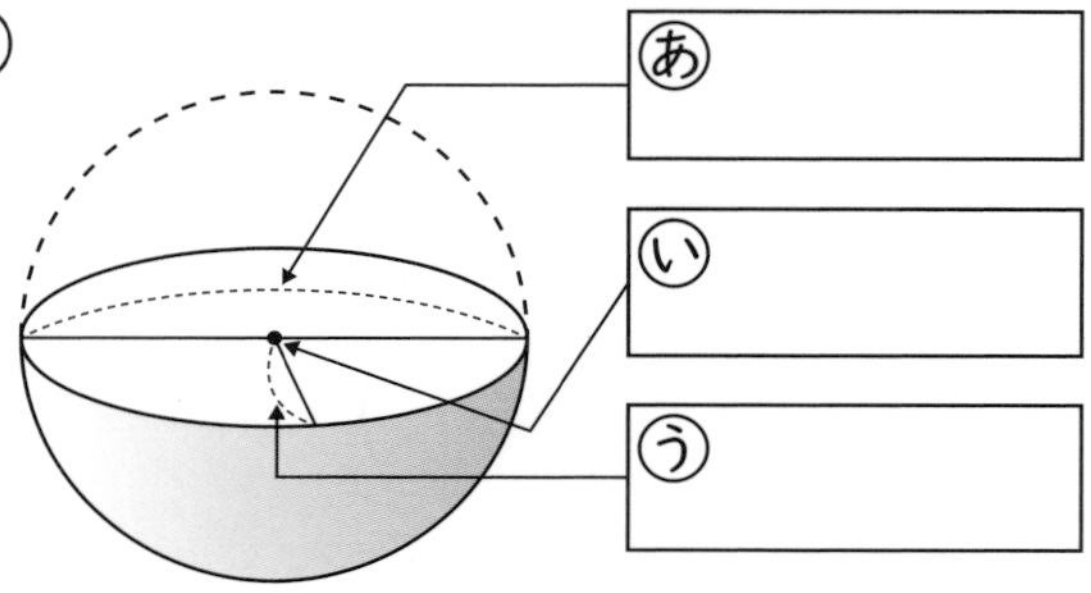

できたシール　〈円の半径《はんけい》と直径《ちょっけい》〉

2 次《つぎ》の問題《もんだい》に答えましょう。

① 半径《はんけい》3cmの円の直径《ちょっけい》は何cmですか。　（　　　）

② 直径《ちょっけい》8cmの円の半径《はんけい》は何cmですか。　（　　　）

できたシール　〈球《きゅう》の半径《はんけい》と直径《ちょっけい》〉

3 次《つぎ》の問題《もんだい》に答えましょう。

① 直径《ちょっけい》16cmの球《きゅう》の半径《はんけい》は何cmですか。　（　　　）

② 半径《はんけい》7cmの球《きゅう》の直径《ちょっけい》は何cmですか。　（　　　）

できたシール　〈2つの円の半径《はんけい》と直径《ちょっけい》〉

4 右の図を見て，次《つぎ》の問題《もんだい》に答えましょう。

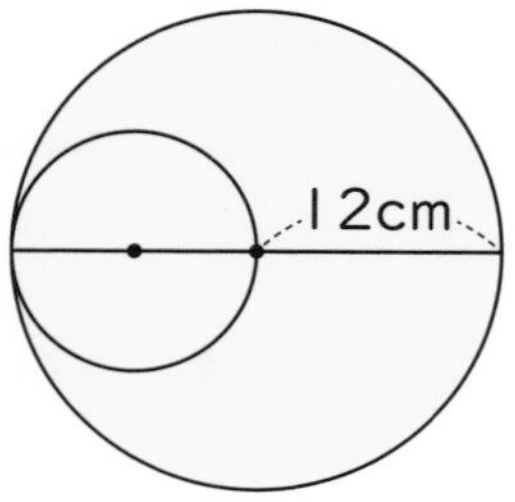

① 大きい円の直径《ちょっけい》は何cmですか。　（　　　）

② 小さい円の半径《はんけい》は何cmですか。　（　　　）

できたシール　〈球《きゅう》の直径《ちょっけい》〉

5 右の図のように，箱《はこ》に同じ大きさのボールがきちんと入っています。ボール1この直径《ちょっけい》は何cmですか。

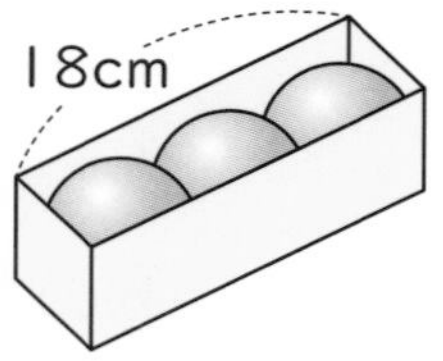

式《しき》

答え（　　　）

そく定《てい》

14回 時こくと時間

学習《がくしゅう》日《び》

月　　日

合かくシール

全問《ぜんもん》正かいにできたら合かくシールをはろう！

できたシール

〈秒《びょう》と分〉

1 次《つぎ》の□にあてはまる数を書きましょう。

① 1分＝□秒《びょう》　　② 90秒《びょう》＝□分□秒《びょう》

できたシール

〈時間のたんい〉

2 (　)にあてはまる時間のたんいを書きましょう。

① きゅう食の時間…45(　　)　　② 本を読んでいた時間…1(　　)

③ 50 m 走るのにかかった時間………11(　　)

できたシール

〈時間をもとめる〉

3 ひまりさんは，午前8時50分に家を出て，午前9時15分に駅《えき》に着《つ》きました。家から駅《えき》までかかった時間は何分ですか。

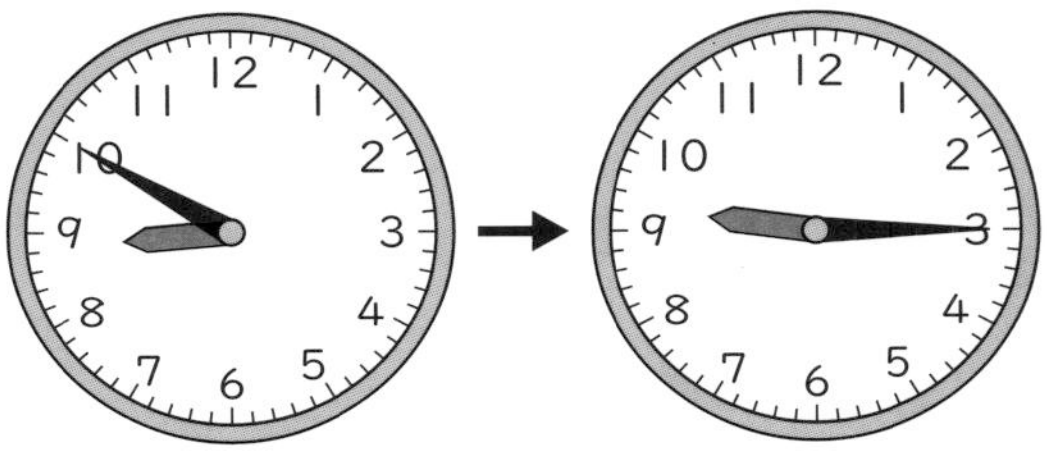

(　　　　)

できたシール

〈時間をもとめる〉

4 りんさんは，午前7時45分に家を出て，午前8時5分に学校に着《つ》きました。家から学校までかかった時間は何分ですか。

(　　　　)

できたシール

〈何分後の時こくをもとめる〉

5 公園からはるとさんの家まで，歩いて30分かかります。午前10時40分に公園を出たときの，家に着《つ》く時こくをもとめましょう。

(　　　　)

できたシール

〈何分前の時こくをもとめる〉

6 こはるさんの家から図書館《かん》まで，歩いて15分かかります。午後3時に図書館《かん》に着《つ》くには，家を午後何時何分に出ればよいですか。

(　　　　)

できなかったところは、もう一度《いちど》やってみましょう。正しく直せたら**できたシール**をはりましょう。

算数

そく定《てい》

13回 重《おも》さ

学習《がくしゅう》日《び》　月　日

合かくシール
全問《ぜんもん》正かいにできたら合かくシールをはろう！

できたシール　〈はかりの目もりの読み方〉

1 下のはかりで，はりがさしている重《おも》さを書きましょう。

①
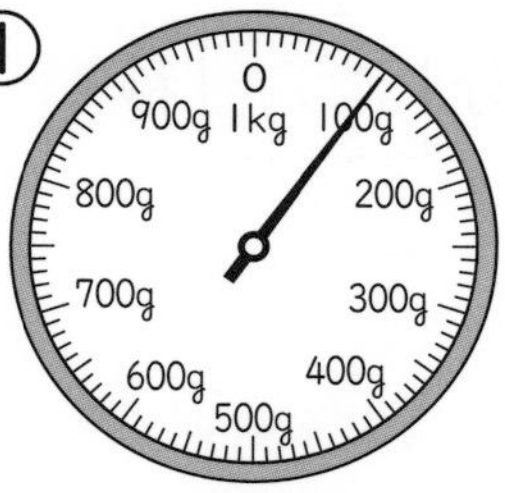

(　　　　)

②
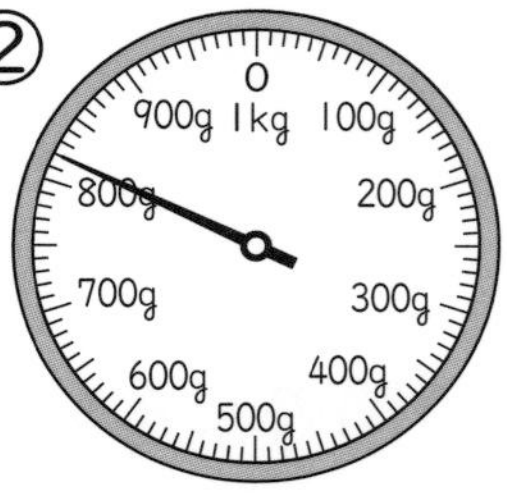

(　　　　)

③
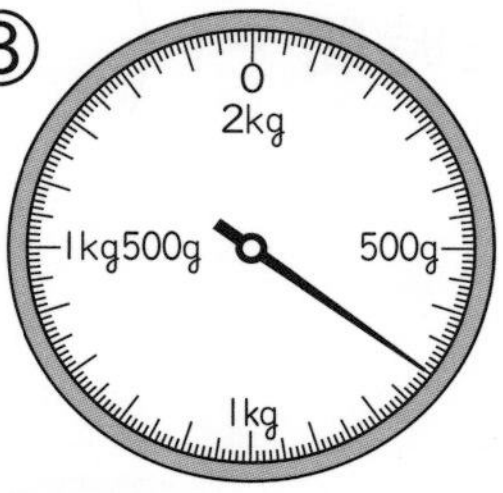

(　　　　)

④
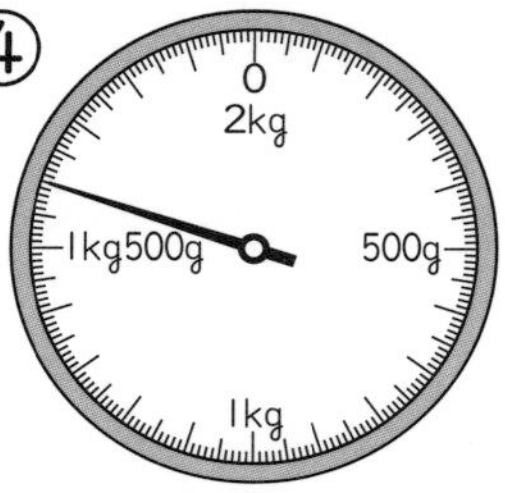

(　　　　)

できたシール　〈g と kg，t〉

2 次《つぎ》の□にあてはまる数を書きましょう。

① 1080 g ＝ □ kg □ g

② 1 g —□倍→ 1 kg —1000 倍→ 1 t

できたシール　〈重《おも》さを表《あらわ》すたんい〉

3 (　)にあてはまる重《おも》さのたんいを書きましょう。

① ゆいとさんの体重《たいじゅう》……27(　　)

② 1 円玉 1 この重《おも》さ ……1(　　)

③ トラック 1 台《だい》の重《おも》さ …5(　　)

④ りんご 1 この重《おも》さ…310(　　)

できたシール　〈重《おも》さのたし算〉

4 300 g のかごに，みかんを 900 g 入れました。全体《ぜんたい》の重《おも》さは何 g ですか。また，何 kg 何 g ですか。

式《しき》　□ g ＋ □ g ＝ □ g

答え　(　　　　g)
(　　kg　　g)

できたシール　〈重《おも》さのひき算〉

5 400 g の箱《はこ》に荷物《にもつ》を入れたら，1 kg 200 g ありました。荷物《にもつ》の重《おも》さは何 g ですか。

式《しき》　□ kg □ g − □ g ＝ □ g

答え　(　　　　g)

できなかったところは、もう一度《いちど》やってみましょう。正しく直せたらできたシールをはりましょう。

そく定《てい》

12回 長さ

学習日《がくしゅうび》　月　日

合かくシール　全問《ぜんもん》正かいにできたら合かくシールをはろう！

できたシール　〈まきじゃくの目もりの読み方〉

1 下のまきじゃくの図で，㋐～㋒の目もりが表《あらわ》す長さを書きましょう。

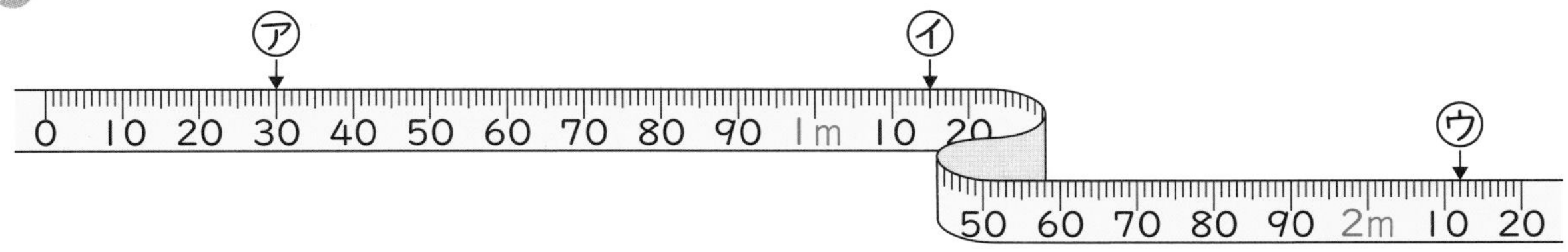

㋐(　　　)　㋑(　　　)　㋒(　　　)

できたシール　〈m と km〉

2 次《つぎ》の□にあてはまる数を書きましょう。

① 1 km = □ m

② 1 m —□倍→ 1 km

③ 2000 m = □ km

④ 3600 m = □ km □ m

できたシール　〈長さを表《あらわ》すたんい〉

3 (　)にあてはまる長さのたんいを書きましょう。

① プールのたての長さ …25(　　)

② テーブルの高さ ………80(　　)

③ 1時間に歩く道のり……3(　　)

④ 算数のノートのあつさ…5(　　)

できたシール　〈道のりときょり，長さの計算〉

4 右の図を見て，次《つぎ》の問題《もんだい》に答えましょう。

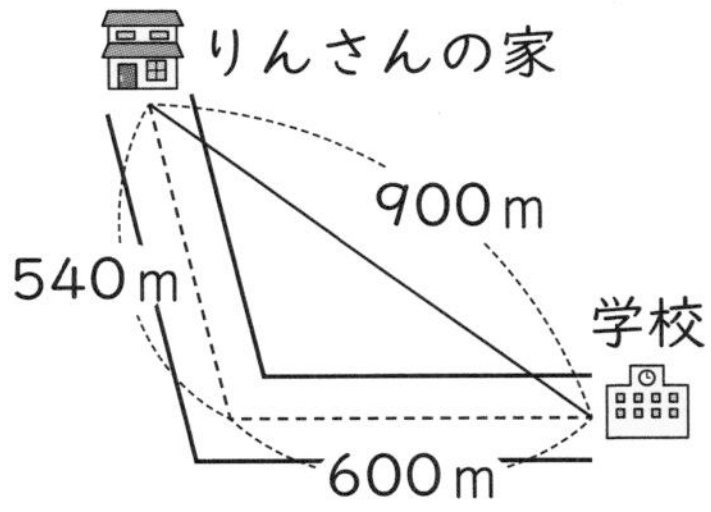

① りんさんの家から学校までのきょりは何 m ですか。

(　　　　)

② りんさんの家から学校までの道のりは何 m ですか。また，何 km 何 m ですか。

式《しき》　□ m + □ m = □ m

答え (　　　m)

(　　km　　m)

③ りんさんの家から学校までの道のりときょりのちがいは何 m ですか。

式《しき》　□ km □ m − □ m = □ m

答え (　　　m)

できなかったところは、もう一度《いちど》やってみましょう。正しく直せたらできたシールをはりましょう。

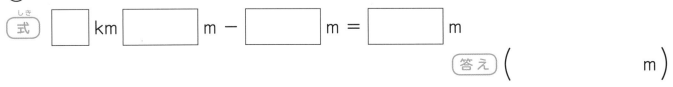

11回 分数のたし算とひき算

学習《がくしゅう》日《び》　月　日

合かくシール　全問正《ぜんもん》かいにできたら合かくシールをはろう！

できたシール　〈分数のたし算〉

1 次《つぎ》の計算をしましょう。

① $\frac{1}{3}+\frac{1}{3}=$

② $\frac{1}{5}+\frac{2}{5}=$

③ $\frac{2}{7}+\frac{3}{7}=$

④ $\frac{2}{9}+\frac{5}{9}=$

⑤ $\frac{3}{10}+\frac{4}{10}=$

⑥ $\frac{5}{8}+\frac{2}{8}=$

できたシール　〈たして 1 になる分数のたし算〉

2 次《つぎ》の計算をしましょう。

① $\frac{1}{4}+\frac{3}{4}=$

② $\frac{3}{8}+\frac{5}{8}=$

できたシール　〈分数のひき算〉

3 次《つぎ》の計算をしましょう。

① $\frac{4}{7}-\frac{1}{7}=$

② $\frac{3}{4}-\frac{2}{4}=$

③ $\frac{7}{8}-\frac{2}{8}=$

④ $\frac{4}{5}-\frac{2}{5}=$

⑤ $\frac{8}{9}-\frac{7}{9}=$

⑥ $\frac{9}{10}-\frac{2}{10}=$

できたシール　〈1 からひく分数のひき算〉

4 次《つぎ》の計算をしましょう。

① $1-\frac{2}{3}=$

② $1-\frac{5}{11}=$

計算

10回 小数のたし算とひき算

学習《がくしゅう》日《び》　　月　　日

合かくシール
全問《ぜんもん》正かいにできたら合かくシールをはろう！

できたシール 〈小数のたし算〉

1 次《つぎ》の計算をしましょう。

① 0.3＋0.5＝

② 0.6＋0.4＝

③ 0.7＋0.8＝

できたシール 〈くり上がりのないたし算〉

2 次《つぎ》の計算をしましょう。

① $\begin{array}{r} 1.5 \\ +\ 3.2 \\ \hline \end{array}$　② $\begin{array}{r} 4.3 \\ +\ 0.6 \\ \hline \end{array}$

できたシール 〈くり上がりのあるたし算〉

3 次《つぎ》の計算をしましょう。

① $\begin{array}{r} 1.6 \\ +\ 4.7 \\ \hline \end{array}$　② $\begin{array}{r} 6.5 \\ +\ 8.9 \\ \hline \end{array}$

できたシール 〈答えが整数《せいすう》になるたし算〉

4 次《つぎ》の計算をしましょう。

① $\begin{array}{r} 1.8 \\ +\ 3.2 \\ \hline \end{array}$　② $\begin{array}{r} 7.3 \\ +\ 2.7 \\ \hline \end{array}$

できたシール 〈整数《せいすう》と小数のたし算〉

5 次《つぎ》の計算をしましょう。

① $\begin{array}{r} 9 \\ +\ 3.5 \\ \hline \end{array}$　② $\begin{array}{r} 14.6 \\ +\ \ \ 5 \\ \hline \end{array}$

できたシール 〈小数のひき算〉

6 次《つぎ》の計算をしましょう。

① 0.7－0.3＝

② 1－0.8＝

③ 1.4－0.6＝

できたシール 〈くり下がりのないひき算〉

7 次《つぎ》の計算をしましょう。

① $\begin{array}{r} 7.6 \\ -\ 3.4 \\ \hline \end{array}$　② $\begin{array}{r} 9.8 \\ -\ 4.5 \\ \hline \end{array}$

できたシール 〈くり下がりのあるひき算〉

8 次《つぎ》の計算をしましょう。

① $\begin{array}{r} 6.5 \\ -\ 2.8 \\ \hline \end{array}$　② $\begin{array}{r} 11.4 \\ -\ \ \ 9.6 \\ \hline \end{array}$

できたシール 〈答えが整数《せいすう》になるひき算〉

9 次《つぎ》の計算をしましょう。

① $\begin{array}{r} 5.4 \\ -\ 3.4 \\ \hline \end{array}$　② $\begin{array}{r} 10.5 \\ -\ \ \ 4.5 \\ \hline \end{array}$

できたシール 〈整数《せいすう》と小数のひき算〉

10 次《つぎ》の計算をしましょう。

① $\begin{array}{r} 3 \\ -\ 1.2 \\ \hline \end{array}$　② $\begin{array}{r} 8 \\ -\ 4.7 \\ \hline \end{array}$

できなかったところは、もう一度《いちど》やってみましょう。正しく直せたら**できたシール**をはりましょう。

9回 わり算

学習日《がくしゅうび》　　月　　日

合かくシール
全問《ぜんもん》正かいにできたら合かくシールをはろう！

できたシール　〈わり算〉

1 次《つぎ》のわり算をしましょう。

① 9÷3＝

② 32÷4＝

③ 54÷9＝

④ 7÷1＝

⑤ 72÷8＝

できたシール　〈0 のわり算〉

2 次《つぎ》のわり算をしましょう。

① 0÷3＝

② 0÷6＝

③ 0÷7＝

できたシール　〈あまりのあるわり算〉

3 次《つぎ》のわり算をしましょう。

① 9÷2＝

② 34÷6＝

③ 17÷7＝

④ 42÷5＝

できたシール　〈(何十)÷何＝ 2 けた〉

4 次《つぎ》のわり算をしましょう。

① 40÷2＝

② 60÷6＝

③ 90÷3＝

できたシール　〈2 けた÷ 1 けた＝ 2 けた〉

5 次《つぎ》のわり算をしましょう。

① 24÷2＝

② 55÷5＝

③ 69÷3＝

できたシール　〈わり算と答えのたしかめ〉

6 次《つぎ》のわり算をして，答えのたしかめもしましょう。

① 31÷6＝

(たしかめ)

② 53÷8＝

(たしかめ)

8回 かけ算(3)

学習《がくしゅう》日《び》　　月　　日

合かくシール
全問《ぜんもん》正かいにできたら合かくシールをはろう！

できたシール 〈2けた×2けた＝3けた〉

1 次《つぎ》の計算をしましょう。

① 23
×12

② 28
×32

できたシール 〈2けた×(何十)＝3けた〉

2 次《つぎ》の計算をしましょう。

① 16
×40

② 47
×20

できたシール 〈2けた×2けた＝4けた くり上がりなし〉

3 次《つぎ》の計算をしましょう。

① 38
×42

② 47
×63

できたシール 〈2けた×2けた＝4けた たして百の位《くらい》にくり上がる〉

4 次《つぎ》の計算をしましょう。

① 24
×63

② 68
×25

できたシール 〈2けた×2けた＝4けた たして千の位《くらい》にくり上がる〉

5 次《つぎ》の計算をしましょう。

① 37
×59

② 72
×43

できたシール 〈2けた×2けた＝4けた たして百，千の位《くらい》にくり上がる〉

6 次《つぎ》の計算をしましょう。

① 84
×73

② 67
×48

できたシール 〈3けた×2けた〉

7 次《つぎ》の計算をしましょう。

① 295
×　32

② 236
×　89

できたシール 〈3けた×2けた かけられる数に0がある〉

8 次《つぎ》の計算をしましょう。

① 310
×　36

② 703
×　42

できなかったところは、もう一度《いちど》やってみましょう。正しく直せたら**できたシール**をはりましょう。

かけ算(2)

学習日《がくしゅうび》　月　日

合かくシール
全問《ぜんもん》正かいにできたら合かくシールをはろう！

できたシール 〈2 けた× 1 けた＝ 2 けた〉

1 次《つぎ》の計算をしましょう。

① 43 × 2

② 26 × 3

できたシール 〈2 けた× 1 けた＝ 3 けた 百の位《くらい》にくり上がるかけ算〉

2 次《つぎ》の計算をしましょう。

① 63 × 2

② 72 × 3

できたシール 〈2 けた× 1 けた＝ 3 けた たして百の位《くらい》にくり上がるかけ算〉

3 次《つぎ》の計算をしましょう。

① 19 × 6

② 26 × 4

できたシール 〈2 けた× 1 けた＝ 3 けた 十の位《くらい》，百の位《くらい》にくり上がるかけ算〉

4 次《つぎ》の計算をしましょう。

① 48 × 4

② 63 × 8

できたシール 〈3 けた× 1 けた＝ 3 けた〉

5 次《つぎ》の計算をしましょう。

① 216 × 4

② 168 × 5

できたシール 〈3 けた× 1 けた＝ 4 けた 千の位《くらい》にくり上がるかけ算〉

6 次《つぎ》の計算をしましょう。

① 312 × 4

② 603 × 3

できたシール 〈3 けた× 1 けた＝ 4 けた 百の位《くらい》，千の位《くらい》にくり上がるかけ算〉

7 次《つぎ》の計算をしましょう。

① 531 × 7

② 472 × 4

できたシール 〈3 けた× 1 けた＝ 4 けた 3 回くり上がるかけ算〉

8 次《つぎ》の計算をしましょう。

① 476 × 6

② 394 × 8

できなかったところは、もう一度《いちど》やってみましょう。正しく直せたら**できたシール**をはりましょう。

6回 かけ算(1)

学習《がくしゅう》日《び》　月　日

合かくシール
全問《ぜんもん》正かいにできたら合かくシールをはろう！

できたシール〈かけ算のきまり①〉

1 次《つぎ》の□にあてはまる数を書きましょう。

① 7×3＝7×4－□

② 8×10＝8×9＋□

できたシール〈かけ算のきまり②〉

2 次《つぎ》の□にあてはまる数を書きましょう。

① 6×2＝2×□

② 7×9＝□×7

できたシール〈0のかけ算〉

3 次《つぎ》の計算をしましょう。

① 6×0＝

② 0×5＝

できたシール〈10のかけ算〉

4 次《つぎ》の計算をしましょう。

① 4×10＝

② 10×7＝

できたシール〈何十のかけ算〉

5 次《つぎ》の計算をしましょう。

① 20×4＝

② 80×6＝

できたシール〈何百のかけ算〉

6 次《つぎ》の計算をしましょう。

① 300×2＝

② 600×7＝

できたシール〈何十をかける計算〉

7 次《つぎ》の計算をしましょう。

① 4×70＝

② 30×40＝

③ 12×30＝

④ 34×20＝

できたシール〈3つの数のかけ算のきまり〉

8 次《つぎ》の□にあてはまる数を書きましょう。

① 9×2×5＝9×□
＝□

② 80×3×3＝80×□
＝□

できたシール〈3つの数の計算のきまり〉

9 次《つぎ》の□にあてはまる数を書きましょう。

(7＋5)×4
＝(7×□)＋(5×□)

できなかったところは、もう一度《いちど》やってみましょう。正しく直せたら**できたシール**をはりましょう。

5回 ひき算

学習《がくしゅう》日《び》

月　　日

合かくシール

全問《ぜんもん》正かいにできたら合かくシールをはろう！

できたシール 〈何百のひき算〉

1 次《つぎ》の計算をしましょう。

① 1100−400＝

② 1900−900＝

できたシール 〈くり下がりのないひき算〉

2 次《つぎ》の計算をしましょう。

① 396
−125

② 2485
−1423

できたシール 〈十の位《くらい》からくり下がるひき算〉

3 次《つぎ》の計算をしましょう。

① 534
−216

② 3783
−1325

できたシール 〈百の位《くらい》からくり下がるひき算〉

4 次《つぎ》の計算をしましょう。

① 418
−152

② 5234
−2161

できたシール 〈2 回くり下がるひき算〉

5 次《つぎ》の計算をしましょう。

① 632
−258

② 3540
−1475

できたシール 〈千の位《くらい》からくり下がるひき算〉

6 次《つぎ》の計算をしましょう。

① 3368
−　625

② 4679
−3746

できたシール 〈3 回くり下がるひき算〉

7 次《つぎ》の計算をしましょう。

① 2342
−　857

② 3524
−1579

できたシール 〈ひかれる数の十の位《くらい》や百の位《くらい》に 0 のあるひき算〉

8 次《つぎ》の計算をしましょう。

① 403
−165

② 4005
−1638

4回 たし算

学習日《がくしゅうび》　月　日

合かくシール

全問《ぜんもん》正かいにできたら合かくシールをはろう！

できたシール 〈何百のたし算〉

1 次《つぎ》の計算をしましょう。

① 900＋400＝

② 300＋700＝

できたシール 〈くり上がりのないたし算〉

2 次《つぎ》の計算をしましょう。

① 125＋312

② 1234＋2142

できたシール 〈一の位《くらい》がくり上がるたし算〉

3 次《つぎ》の計算をしましょう。

① 327＋145

② 2416＋1369

できたシール 〈十の位《くらい》がくり上がるたし算〉

4 次《つぎ》の計算をしましょう。

① 271＋164

② 1293＋1516

できたシール 〈一，十の位《くらい》がくり上がるたし算〉

5 次《つぎ》の計算をしましょう。

① 156＋378

② 5469＋2155

できたシール 〈一，十の位《くらい》がじゅんにくり上がるたし算〉

6 次《つぎ》の計算をしましょう。

① 403＋398

② 1567＋2133

できたシール 〈百の位《くらい》がくり上がるたし算〉

7 次《つぎ》の計算をしましょう。

① 631＋852

② 3427＋962

できたシール 〈3 回くり上がるたし算〉

8 次《つぎ》の計算をしましょう。

① 783＋539

② 1564＋678

できなかったところは、もう一度《いちど》やってみましょう。正しく直せたら**できたシール**をはりましょう。

3 回 分数

できたシール 〈大きさを分数で表《あらわ》す〉

1 次《つぎ》の□の部分《ぶぶん》は，全体《ぜんたい》の大きさの何分のいくつですか。

①  (　　)

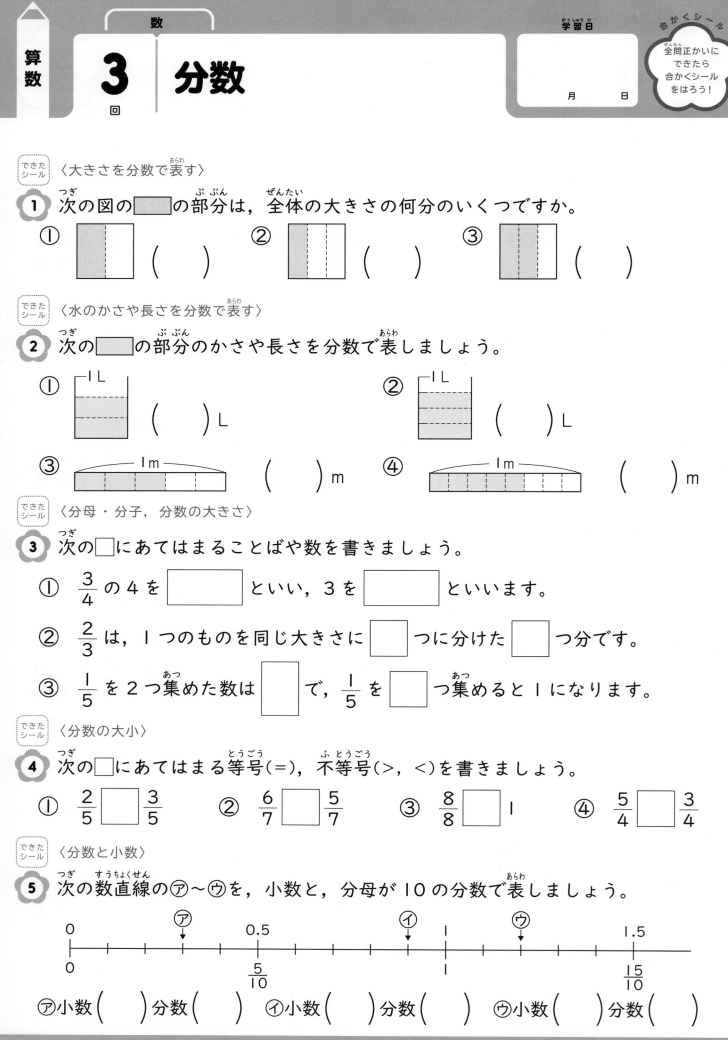

② 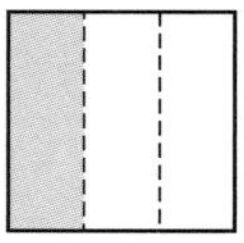 (　　)

③ 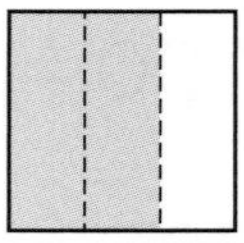 (　　)

できたシール 〈水のかさや長さを分数で表《あらわ》す〉

2 次《つぎ》の□の部分《ぶぶん》のかさや長さを分数で表《あらわ》しましょう。

① 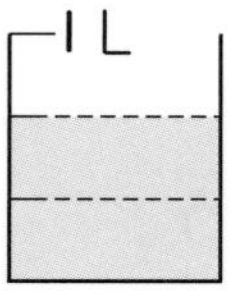

(　　)L

② 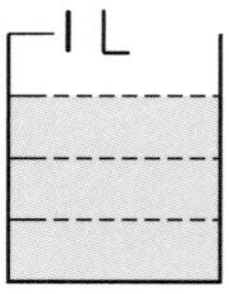

(　　)L

③ 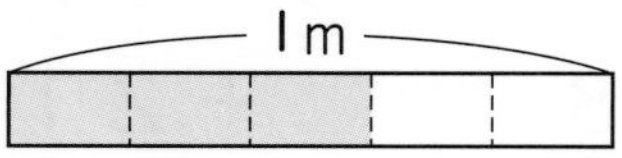

(　　)m

④ 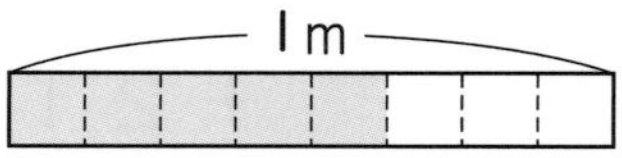

(　　)m

できたシール 〈分母・分子，分数の大きさ〉

3 次《つぎ》の□にあてはまることばや数を書きましょう。

① $\frac{3}{4}$ の 4 を □ といい，3 を □ といいます。

② $\frac{2}{3}$ は，1 つのものを同じ大きさに □ つに分けた □ つ分です。

③ $\frac{1}{5}$ を 2 つ集《あつ》めた数は □ で，$\frac{1}{5}$ を □ つ集《あつ》めると 1 になります。

できたシール 〈分数の大小〉

4 次《つぎ》の□にあてはまる等号《とうごう》(＝)，不等号《ふとうごう》(＞，＜)を書きましょう。

① $\frac{2}{5}$ □ $\frac{3}{5}$　② $\frac{6}{7}$ □ $\frac{5}{7}$　③ $\frac{8}{8}$ □ 1　④ $\frac{5}{4}$ □ $\frac{3}{4}$

できたシール 〈分数と小数〉

5 次《つぎ》の数直線《すうちょくせん》の㋐～㋒を，小数と，分母が 10 の分数で表《あらわ》しましょう。

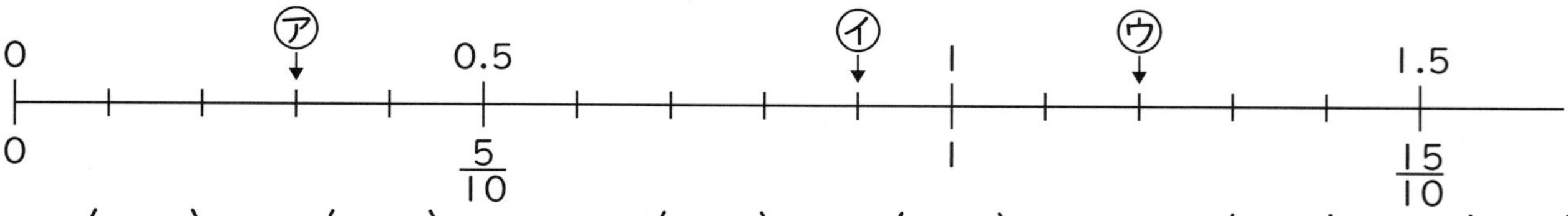

㋐小数(　　)分数(　　)　㋑小数(　　)分数(　　)　㋒小数(　　)分数(　　)

小数

学習日《がくしゅうび》

月　　日

合かくシール

全問《ぜんもん》正かいにできたら合かくシールをはろう！

できたシール 〈水のかさや長さを小数で表《あらわ》す〉

1 次《つぎ》の水のかさや，ものさしの左はしから↓までの長さを小数で表《あらわ》しましょう。

①

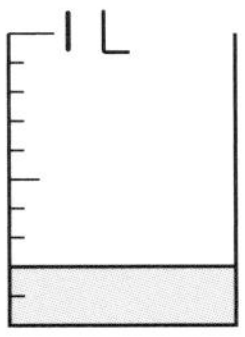

（　　　）L

②

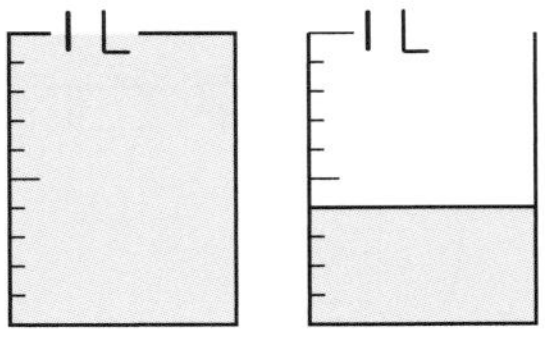

（　　　）L

③

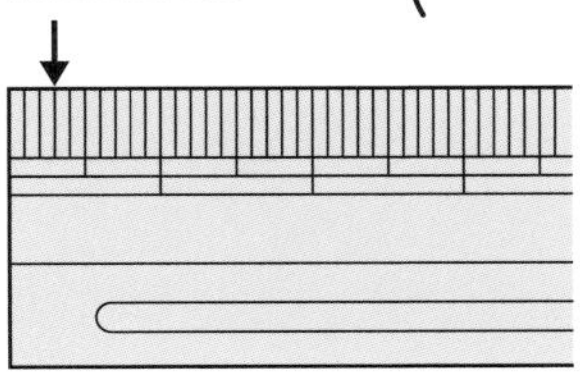

（　　　）cm

④

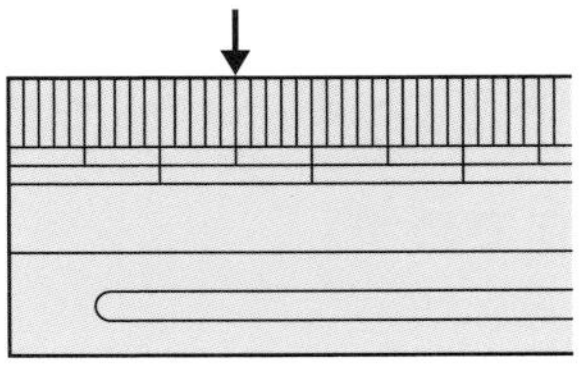

（　　　）cm

できたシール 〈L と dL，cm と mm のかん係《けい》〉

2 次《つぎ》の□にあてはまる小数を書きましょう。

① 1dL＝□L　　② 1mm＝□cm

できたシール 〈小数の位《くらい》とあわせた数，集《あつ》めた数〉

3 次《つぎ》の□にあてはまる数を書きましょう。

① 2.6 の一の位《くらい》の数字は□で，$\frac{1}{10}$ の位《くらい》（小数第一《だいいち》位《い》）の数字は□です。

② 4 と 0.5 をあわせた数は，□です。

③ 1 を 3 つと，0.1 を 7 つあわせた数は，□です。

④ 1.8 は，0.1 を□集《あつ》めた数です。

できたシール 〈数直線《すうちょくせん》上の小数〉

4 下の数直線《すうちょくせん》の□にあてはまる小数を書きましょう。

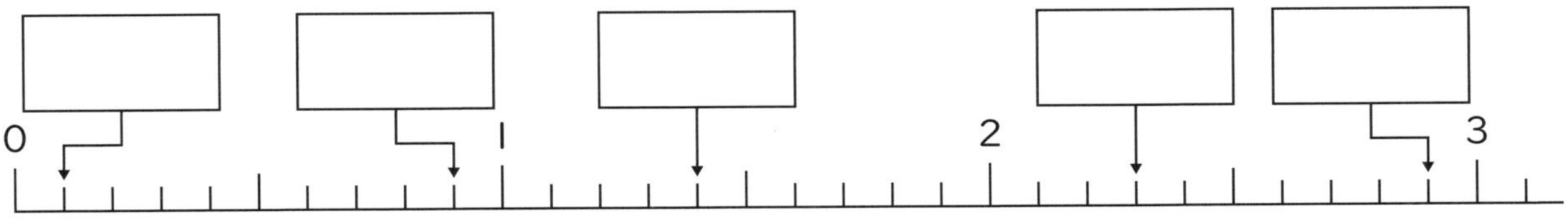

できたシール 〈小数の大小〉

5 次《つぎ》の□にあてはまる不等号《ふとうごう》（>，<）を書きましょう。

① 0.3□0.6　　② 1□0.9　　③ 4.5□5.4

できなかったところは、もう一度《いちど》やってみましょう。正しく直せたら**できたシール**をはりましょう。

学習日《がくしゅうび》　月　日

合かくシール
全問《ぜんもん》正かいにできたら合かくシールをはろう！

1回　大きい数

⬇答え合わせをして、答えが合っていたら、ここにできたシールをはろう。

できたシール〈大きな数の位《くらい》どり，読み方〉

1「25834761」について答えましょう。

① 「3」は何の位《くらい》の数字ですか。　(　　　　)

② 百万の位《くらい》の数字は何ですか。　(　　　　)

③ 読み方を漢字《かんじ》で書きましょう。(　　　　)

できたシール〈大きな数を数字で表《あらわ》す〉

2 次《つぎ》の数を数字で書きましょう。

① 二十八万四千五百九十三　(　　　　)

② 九千七百三十万二千六　(　　　　)

③ 百万を５つ，十万を７つ，一万を４つあわせた数　(　　　　)

④ 一万を18集《あつ》めた数　(　　　　)

⑤ 千万を10集《あつ》めた数　(　　　　)

できたシール〈数直線を読む〉

3 下の数直線で，㋐～㋒の目もりが表《あらわ》す数を書きましょう。

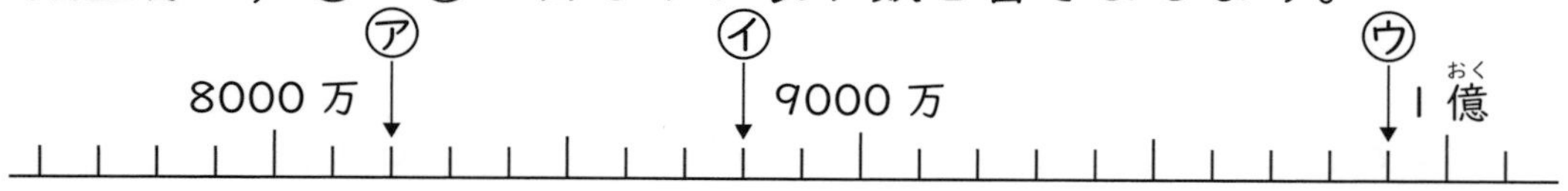

㋐(　　　　)　㋑(　　　　)　㋒(　　　　)

できたシール〈数の大小〉

4 次《つぎ》の□にあてはまる等号《とうごう》(＝)，不等号《ふとうごう》(＞，＜)を書きましょう。

① 70000 □ 7000

② 25100 □ 215000

③ 29000 □ 20000＋9000

④ 400万 □ 600万－300万

できたシール〈10倍《ばい》，100倍《ばい》した数，10でわった数〉

5「780」について，次《つぎ》の数を書きましょう。

① 10倍《ばい》した数　(　　　　)

② 100倍《ばい》した数　(　　　　)

③ 10でわった数　(　　　　)

できなかったところは、もう一度《いちど》やってみましょう。正しく直せたらできたシールをはりましょう。

これは何ですか？

学習《がくしゅう》日《び》　　月　　日

合かくシール
全問《ぜんもん》正かいにできたら合かくシールをはろう！

051

1 (1)～(3)の音声を聞いてまねして言ったあと，合うほうの絵の（　　）に○をつけましょう。

What's this?
これは何ですか？

It's a ☐.
それは☐です。

(1)

（　　）
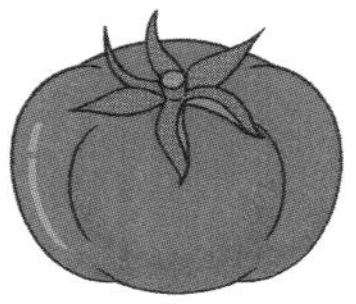
（　　）
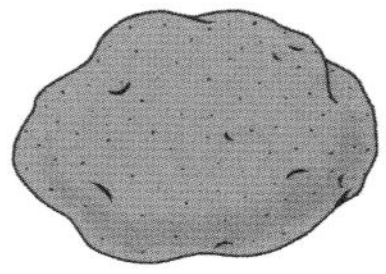

(2)

（　　）

（　　）

(3)
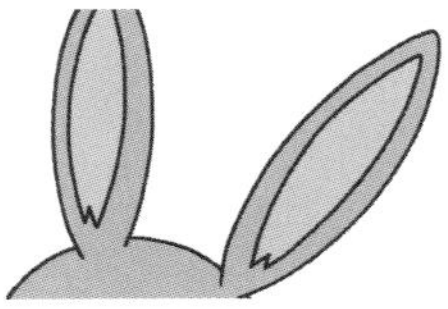
（　　）

（　　）

2 音声を聞いてまねして言ったあと，　　のえいごをなぞって書きましょう。

(1) What's this ?

(2) It's milk .

3 音声を聞いて，あてはまるものを**ア～オ**からえらんで（　　）に書きましょう。

(1)
（　　）

(2)
（　　）

(3)
（　　）

ア

イ
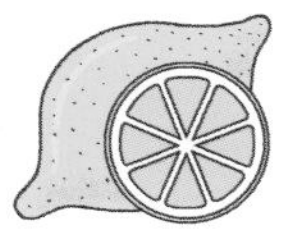
ウ

エ

オ

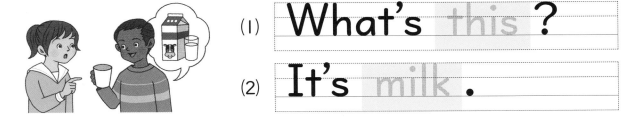

5回 何の〇〇がすきですか？

学習日《がくしゅうび》
月　日

合かくシール
全問《ぜんもん》正かいにできたら合かくシールをはろう！

052

① (1)〜(3)の音声を聞いてまねして言ったあと，合うものを線でむすびましょう。

What ＿＿＿ do you like?
あなたは，何の＿＿＿がすきですか？

I like ＿＿＿.
わたしは＿＿＿がすきです。

(1) fruit くだもの •　　• 

(2) animal 動物《どうぶつ》 •　　• 

(3) sport スポーツ •　　• 

② 音声を聞いてまねして言ったあと，　　のえいごをなぞって書きましょう。

(1) What color do you like?

(2) I like blue.

③ 音声を聞いてまねして言ったあと，あなたのすきなものを　　からえらんで，言ってみましょう。

I like ＿＿＿.

(1) animal

cats

dogs

rabbits

(2) sport

baseball

soccer

basketball

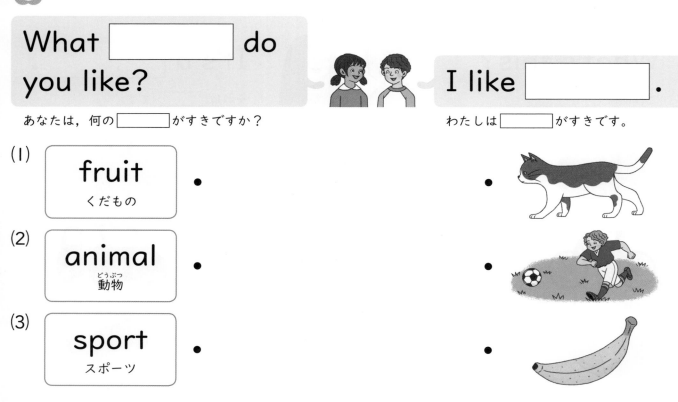

4回 アルファベットとえいたん語②

学習《がくしゅう》日《ひ》　月　日

合かくシール
全問《ぜんもん》正かいにできたら合かくシールをはろう！

053

① アルファベットの音に気をつけて，音声を聞きましょう。そのあと，声に出して言ってから，なぞって書きましょう。

(1)  net

net　net

(2)  orange

orange　orange

(3)  pig

pig　pig

(4)  queen

queen　queen

(5)  red

red　red

(6)  six

six　six

(7)  taxi

taxi　taxi

(8)  up

up　up

(9) 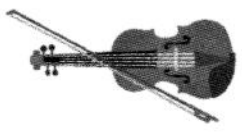 violin

violin　violin

(10)  wind

wind　wind

(11)  box

box　box

(12)  yen

yen　yen

(13)  zoo

zoo　zoo

3回 アルファベットとえいたん語①

学習《がくしゅう》日《び》
月　日

合かくシール
全問《ぜんもん》正かいにできたら合かくシールをはろう！

054

1 アルファベットの音に気をつけて，音声を聞きましょう。そのあと，声に出して言ってから，なぞって書きましょう。

(1)  apple

apple　apple

(2)  bag

bag　bag

(3)  cat

cat　cat

(4)  dog

dog　dog

(5)  egg

egg　egg

(6)  fan

fan　fan

(7)  game

game　game

(8)  hat

hat　hat

(9)  ink

ink　ink

(10)  jam

jam　jam

(11)  key

key　key

(12)  lion

lion　lion

(13)  melon

melon　melon